아홉 남매 중
일곱 번째

금자라고
합니다

예금자 에세이

차례

금자네 사람들

- 7 유진과 금자
- 11 조청
- 15 그네
- 19 우리에게 와서 꽃이 되었다
- 23 너를 보며
- 29 큰아들의 큰 손
- 32 빨간 내복 대신이야!
- 36 웃음이 난다
- 40 페로몬
- 44 세상 모든 것을 품은 사진 한 장
- 48 손녀와 나
- 53 아름다운 배려
- 58 형부
- 64 이쁜 내 동생
- 67 엄마, 부엉이 울어
- 74 다른 몸 같은 꿈
- 83 송년회

닭장을 나온 닭

- 93   끈
- 98   열정
- 103 목소리 값
- 106 아기
- 110 그들의 밥그릇
- 115 닭장을 나온 닭들
- 120 참깨밭의 깻망아지
- 126 커피숍을 만들다
- 132 달콤한 계수나무를 아시나요?
- 135 울타리를 치다
- 140 당신의 뜻
- 144 고목과 목신

쉰여섯

- 153 숨
- 159 나만의 지란지교를 꿈꾸며
- 164 이제야 알았다
- 169 탐, 진, 치
- 175 이즈음
- 179 남편의 새벽
- 185 물기를 닦다가
- 187 오늘 저녁은 수제비
- 190 내가 너를 죽였어
- 194 개구리와 뱀 그리고 깨달음
- 199 앎
- 202 여행을 떠나기 전에
- 205 이번 한 번만 더 믿어보기로 했다
- 213 나는 괜찮다
- 219 추억의 교환 일기장

1부

금자네 사람들

유진과 금자

전 예금자입니다.
당당하게 내 이름을 말한다. 이젠 설명도 안 한다. "기억하기 쉽죠?" 하고 되묻는다. 지금처럼 자신 있게 내 이름을 말하기 시작한 것이 불과 몇 년 되질 않았다.

사춘기에 접어들면서 난 유난히 이름에 집착했다. 친구들의 이름과 내 이름이 격이 다르게 느껴져서 누가 내 이름을 부르는 것이 부끄러웠고, 선생님께서 내 이름을 부르는 것은 더욱 싫어 숨고 싶을 때가 많았다. 촌스러운 내 이름이 세상에 다 알려질 것만 같았기 때문이다. 읍내로 중학교에 오니 공부도, 행동도, 모습도, 말투도 모두 뒤처

진 느낌이었고, 거기에 이름까지 그렇게 느껴져서 난 늘 소심했고, 그들과 멀찍이 거리를 두고 생활했다.

그런 소심한 내가 안 됐는지, 20살 때쯤 큰 언니가 작명소에서 '유진'이라는 예쁘고 사랑스러운 이름을 지어왔다. 호적까지 바꿀 생각은 못 했고, 가족과 주변 사람들만 '유진'이라고 불러줬다.

어느 날 동생이 말했다.

"나도 이름 바꿨어."

"뭐라고 바꿨는데?"

"국화. 어때? 나와 어울리지? 앞으로 국화라고 불러줘."

내가 웃으며 말했다.

"야, 화자도 웃긴데 국화는 더 웃기다."

가족들이 다 웃었던 것 같다. 동생은 한동안 자기를 스스로 그렇게 불렀다. 동생 또한 나만큼이나 이름에 스트레스가 심했다.

이름을 바꿔서인지 많이 밝아진 난 남자 친구를 만났고, 결혼이라는 말이 오가면서 내 진짜 이름이 '금자'라고 밝혔다. 남편은 별 문제 삼지 않았지만, 청첩장을 만들면서 어떤 이름을 쓸지 망설여졌고, 내 뜻을 받아주고 싶은 남편과, 호적대로 해야 한다는 시아버님과 마찰이 생기며 어쩔 수 없이 시아버님의 뜻에 따르기로 했다. 하지만 그 이름이 부끄러웠던 난, 결혼식 날 식장 앞 표지판에 청첩장과 다르게 '유진'이라고 써놨고, 결국 많은 사람을 불편하게 만들었다.

 아이가 태어나면서부터는 내 이름을 쓸 필요가 없어졌다. 아이 이름이 곧 내 이름이었기 때문에. 하지만 아이가 크고, 남편과 자영업을 하면서 다시 내 이름을 써야 했고, 어려서만큼은 아니지만 그래도 항상 이름 때문에 힘들었다.
 어느 날 우리 자매들의 이름을 지어준 사촌 오빠를 만나 따지듯 물었다
 "오빤 딸들에게 성숙, 민숙이라고 예쁘게 이름을 지어주고, 왜 우린 금자, 화자, 순덕이, 관숙이… 이렇게 촌스럽게 지었어?"
 "야! 인마, 나도 고심해서 지은 거야."
 "금자는 비단에 쓴 글자라는 뜻이고, 화자는 꽃의 씨앗이라는 뜻이고, 순덕이는 덕이 부드럽게 흘러오라고…."
 "그 이름 덕에 잘들 살면서 왜 그래." 하셨다.

 마흔이 넘어 남편을 오랫동안 졸라 개명하기로 결정했다. 법원에서 졸필인 난 최대한 정성 들여 앞으로 부르게 될 이름을 써서 냈다. 그런데 옆에서 가만히 지켜보던 남

편이 갑자기 서류를 되돌려 달라고 하더니 '왠지 이름을 바꾸면 안 될 것 같다'라며 싫다는 내 손을 끌고 집으로 돌아왔다.

  법원에 다녀온 후로 조금씩 변화가 생겼다. 나 자신을 위해 일말의 노력을 해서인지는 잘 모르겠지만 이름이 부끄럽다는 생각이 점차 줄었고, 남편에게 '비단에 쓴 글자'처럼 귀한 대접은 받지 못했지만, 밤낮 가리지 않고 열심히 일해서 '예금자'라는 이름에 맞게 은행을 집처럼 드나들며 많은 통장을 내 손에 쥐여 주었다.

  중년이 된 지금, '예금자'라는 이름은 지금의 내 모습과 너무 잘 어울린다. 적당히 늙었고, 적당히 촌스럽고, 적당히 충청도 사투리를 쓰는 나와 닮았다.

  그토록 바꾸고 싶었던 세련된 '유진'이라는 이름은 이제 어색하다. 안 어울리는 옷 같다. 잊어 가는 중이다. 이젠 내 소개도 머뭇거리지 않는다. 두세 번 진짜냐고 물어도 친절하게 응대한다. 신기하게 아무 모양이 없는 이름 하나가, 상대방이 나라는 사람을 기억하게 만드는 재주를 가지고 있다.

  내 안에 깊게 눌려있던 '예금자'라는 이름이, 이제야 세상 밖으로 나와, 나를 멋지게 늙어 가도록 격려하고 응원해 주는 듯하다.

조청

 가끔 마음이 허전하거나 우울하거나 슬프거나 하면 의식적으로 냉장고 문을 연다. 그곳엔 어린 날 엄마의 냄새같이 날 안심시켜 주는 것이 있다. 바로 조청이다.

 그 조청이 만들어진 곳은, 어릴 적 부모님과 살았던 공주 마곡사에서도 한참을 들어가야 있는 곳, 지금도 그 산골에서 살고 있는 넷째 언니의 손끝이다.
 언니는 예나 지금이나 변함없이 엄마가 없는 빈자리를 우리 9남매의 부모가 되어 한 명 한 명 아이 돌보듯 챙기고 있고, 저마다 엄마에 대한 향수가 다른 형제들에게 각기 취향에 맞는 것들로 그리움을 달래주고 있다. 그 그리

움은 보리밥이기도, 두부조림이기도, 고사리이기도, 청국장이기도……. 여러 가지 중 난 조청이다.

 오늘도 난 냉장고 문을 연 채로 서서 뚜껑을 연다. 수저 한가득 떠서 길게 늘어진 조청을 엄마가 알려준 대로 수저를 빙빙 돌려 늘어짐을 제거한 후 입으로 가져간다.
 입속을 가득 채운 묵직하면서도 가벼운 단맛이 아닌 깊은 맛이 나는 조청은 뭐로도 대신할 수 없는 엄마에 대한 나만의 향수다.

 어린 시절, 엄마는 겨울이면 조청을 달였다. 소죽을 끓이는 작은 부엌을 사이에 두고 한쪽은 외양간 한쪽은 사랑방이 있었다. 큰 솥이 없었던 엄마는 소죽을 끓이던 솥을 닦고, 그곳에 엿을 고았다. 만드는 방법은 기억이 없다. 엄마는 하루 종일 장작을 지폈고, 부뚜막에 앉아 커다란 나무 주걱으로 계속 저었던 모습만 떠오를 뿐. 불을 지폈던 작은 사랑방은 온종일 쩔쩔 끓었다.

 겨울이면, 그 사랑방에서 손재주 좋은 아버지는 새끼를 꼬아 멍석을 짰고, 엄마는 베틀에 앉아 베를 짰다. 아버지가 만들어 주신 짚신을 신고, 짚신 앞섶에 줄을 달아 발로는 당기고, 양손으로 북과 바디를 연신 움직이며 철커덕 철커덕 삼베를 짰다.

　엄마는 오랜 시간을 공들여 삼을 삶고 불려서 껍질을 까고, 그 껍질을 이빨로 가늘게 갈라 허벅지에 대고 비벼 가늘고 긴 실을 만들어 그걸로 베를 짰다. 가는 실을 만들기 위해 비벼댄 허벅지가 벌겋게 부풀어 올랐었는데도 난 아프냐고 물어볼 생각조차 못 했다. '얼마나 쓰라리셨을까!' 한번 만져 드릴걸. 지금 돌이켜 보면 철이 없어도 너무 없어 속상하다. 그냥 엄마가 베를 짜는 동안 엄마의 베틀 아래서 동생과 소꿉놀이를 했었다. 엄만 그렇게 짠 삼베를 팔아 돈을 만들기도 했고, 당신의 수의도 직접 만드셨다. 그렇게 직접 만든 수의는 우리가 다 크고 아이 엄마가 되자 큰오빠를 따라 시내로 이사를 나와서까지 고이 간직하고 있다가, 두 분 모두 당신이 손수 만든 수의를 입고 먼 곳으로 가셨다.

　조청이 완성되면, 엄만 겨우내 먹을 간식인 조청을 단지에 조청을 담고, 마지막으로 우리를 불러 솥에 붙어있는 끈적끈적한 조청을 긁어 한 수저씩 나누어 주셨다.
　'그땐 그게 왜 그리도 맛있던지!'
　쇠죽 끓이던 솥에 냄새나는 외양간, 매캐한 연기와 그을음, 좁디좁은 사랑채 부엌, 구멍이 숭숭 뚫린 흙벽으로 들어오는 찬 겨울바람.

하지만 먹을 것이 귀한 시절, 도시 생활을 본 적 없는 우리에게, 그런 단맛은 우리를 홀리기 충분했다.

그렇게 겨울에만 먹던 조청을, 언니는 계절 없이 만들어 냉장고에 넣었다가 우리에게 선물이라며 나누어 준다. 예전에 엄마가 그랬던 것처럼. 나는 그런 언니에게서 엄마를 만난다. 더없는 행복한 순간이다.
더 늦기 전에 내 손으로 만드는 법을 배워야겠다. 언니가 늙어 더는 만들지 못하는 때가 오면, 그 그리운 맛을 내가 엄마처럼 언니처럼 나눠주고 싶으니까.

그네

 마지막 타임 요가를 끝내고 집에 도착하니 밤 10시 반. 바쁘다는 핑계로 한동안 미루다 했더니 온몸의 근육들이 힘들다 아우성치지만, 운동 후 찾아오는 뻐근함은 기분을 좋게 한다. 차에서 내려 집에 들어가려다 무심코 올려다본 하늘에 때마침 누런 둥근 보름달이 구름 속에서 삐죽 얼굴을 보인다. '달과 데이트나 하고 들어가야지!' 하며 마당 한가운데 있는 그네에 앉았다.

 남편은 집을 짓기 전에 그네를 먼저 세웠다. 만약 집을 짓게 되면 예쁜 그네 하나 만들어 달라 했던 내 말을 잊지 않고 남편은 그네를 만들었다. 그런데 보통 전원주택에서 보임 직한 그런 예쁜 그네가 아니다. 남편은 고물상을 뒤져 초등학교에서 철거해 온 아이들이 타는 2인용 그네를 가져왔다. 내가 다른 집처럼 지붕 있는 예쁜 그네를 원한다 해도 남편은 대꾸를 안 했다.

2인용을 설치하려니 너무 많은 자리를 차지해 커터기로 하나를 잘라 하나만 쓰고 나머지 하나는 이 담에 손주들이 태어나면 설치하기로 했다. 아들의 도움을 받아 땅을 파서 기둥을 세우고, 기둥 아래에 콘크리트를 쳤다. 하고 나니 제법 그럴싸하다.

그런데 두 달쯤 지난 뒤에 민원이 들어왔다. 대지로 형질변경이 안 된 곳에 콘크리트를 쳤다는 내용이었다. 땅이 대지와 밭으로 나뉘어 있었는데, 밭에는 콘크리트를 치면 안 된다는 것을 미처 알지 못한 우리 탓이다. 남편은 며칠간 씩씩거렸지만, 법을 어길 수는 없어서 결국 철거를 했다.

집이 다 지어지고 마당 가운데에 다시 그네를 세웠다. 두 번째라 훨씬 더 견고하고 잘 만들어졌다. 잘 세워진 그네에 기댄 남편은 기분이 좋을 때 하는 특유의 웃음을 보이며 "이건 우리 금자 꺼야." 했다.

지금도 그 표정과 행동이 눈에 선하다. 뭐든 만들고 나면 '금자' 거란다. 할 일 많은 전원생활을 잘 따라오도록 선수 쳐 밑밥을 까는 건지 아니면 그냥 아무 말이나 뱉어 보는 건지, 남편의 진심은 잘 모르겠지만 내 마음을 흐뭇하게 만드는 데는 성공이다. 아무튼 남편의 그 말은 고마웠고, 나를 웃게 했다.

어려선 부끄러움을 많이 타는 소심한 성격 때문에 마음껏 그네를 타 볼 용기가 없었다.
가끔 남편이 만들어 준 이 그네는 초등학생이었던 시골의 작은 학교로 나를 데려간다. 학교 운동장에선 깔깔거리며 그네를 타는 어린 시골 아이들이 보인다. 하늘 높이까지 오르도록 힘차게 그네를 구르는 아이들을 멀찍이 서서 부러움의 눈으로 바라보는 어린 나도 보인다.
그런데 감사하게도 50살이 훌쩍 넘어 나만의 그네가 생겼다. 손주들이 생기고, 손주들이 여기에 앉을 수 있을 때까지 이 그네는 나만의 전용 그네가 될 확률 백 프로다.
난 자주 그네에 앉는다. 남편 덕분에 그 시절 못 해봤던 것까지 합쳐 씽씽 높게 타곤 한다.
누구에게 빼앗길 염려도 없고, 거꾸로 매달려 타도 뭐라는 사람도 없어 좋다.
그럼 난 아이가 되어 그때의 소심한 어린 나를 끌어안고 같이 그네를 타는 상상을 한다. 웃음 잃은 아이 얼굴에 웃음이 번지면 어른이 된 나도 행복의 미소가 번진다.

그네 바로 옆에는 누워 자라는 것 같은 멋진 소나무가 한그루 있다. 철거 중인 집에서 파쇄기에 들어가기 직전 남편 눈에 띄어 우리 집으로 오게 되었다. 볼품없어 보이던 소나무는 우리 집으로 와서 일 년을 힘들게 버티더니 이제는 제법 모양을 뽐내며 그네를 더 돋보이게 만든다.

그네 앞에는 집만큼 키가 큰 소나무 세 그루를 심었다. 아들이 셋이라 세 그루를 심어야 한다는 남편의 고집으로 심었는데 이젠 자리를 잘 잡았다. 그네에 비스듬히 기대앉아 소나무 가지 사이로 보이는 달과 말없이 눈인사한다. 내가 달을 보는 건지 달이 나를 보는 건지 한동안 우린 그렇게 서로를 바라보며 말을 아꼈다.

어떤 단어로 지금의 이 마음을 표현할까!

그저 저 달이 그네에 앉아 있는 나를 나이 든 중년의 여인이 아닌 맑은 영혼을 가진 아이로 봐줬으면 하고 바랐다.

우리에게 와서 꽃이 되었다

 3년 전 오월, 산과 들이 온통 연녹색으로 자신의 모습을 물들이고 있는 쾌청하고 편안한 어느 오후. 어머님을 시댁에 모셔다드린 후, 별생각 없이 콧노래를 흥얼거리며 집으로 돌아오는 길이었다. 철교 밑을 돌면 작은 우리 마을이 보이고, 좀 더 가면 우리 집이다.

 기차가 지나는 철교 밑 모퉁이를 돌자 하얀 원피스에 하얀 카디건을 멋스럽게 걸치고, 큰 키에 구불구불 굵게 파마를 한 긴 머리를 바람에 날리며 사뿐사뿐 가벼운 발걸음으로 걷고 있는 여인의 뒷모습이 눈에 들어왔다.
 "이쁘네!" 이 동네 사람은 아닌 것 같은데…. 어째 여기까지 걸어왔을까?

보통 이 길은 시내서 좀 떨어진 길이라 시내에 사는 사람들이 운동 삼아 걷거나, 혹은 동네 사람들이 농사일하기 위함이 아니면 걷는 사람은 드물기 때문이다.

이런 생각을 하며 여인을 지나쳐 가다 문득 '혹시 우리 집에 가는 거 아닐까?' 하는 생각이 들었고, 혹시나 하는 생각에 차를 세우고 그녀가 옆을 지나가길 기다렸다 차창을 내리고 말했다.

"혹시… oo네 가는 길인가요?"

"어머….", 그 아가씬 흠칫 놀라며 마스크 속 눈동자가 커졌고, 그 놀란 눈동자에 나 또한 적잖이 놀랐다.

"저도 거기 가는 길인데 타실래요?"

그녀는 주뼛주뼛 올라탔고, 짧은 거리를 서로 말없이 달려 집으로 돌아와 자고 있는 아들을 깨워 허겁지겁 밖으로 내보냈다. 당사자인 양 콩닥콩닥 콩 볶듯 튀어 오르는 심장을 다독이며 궁금함을 참지 못하고 커튼 뒤에 숨어 살짝 둘을 엿보니, 강아지를 가리키며 서로 가까운 듯 먼 듯 웃으며 재잘거리는 모습이 순수하고 해맑아 보여 나도 따라 웃음이 났다.

그녀가 아들의 여자 친구가 아닐까! 하고 직감하게 된 이유는 바로 전날 따로 살던 막내아들이 집에 와서 여자 친구가 생겼다고 귀띔을 했고, 동창이며 키가 크고 날씬하고 예쁘다 말했기 때문이다.

그로부터 1년 후 그녀는 우리에게 와서 꽃이 되었다. 시댁이나 우리 집이나 여자라곤 나와 어머니뿐이었는데, 그런 남자만 바글대던 집에 그녀는 여러 가지 색과 여러 가지 향기를 지닌 꽃이 되어 집 안 구석구석 향기와 색으로 물들였고, 덩달아 웃음꽃도 함께 피어났다. 나와 남편과 위에 두 형들은 그녀가 우리 집의 꽃이 된 것을 행운으로 생각했다. 그래서 예전보다 더 자주 모이게 됨은 물론 시도 때도 없이 담장을 넘던 남편의 목소리도 한 옥타브가 내려와 다정하게 변하며 꽃은 우리 집에 많은 부분을 밝게 만들었다.

그리고 또 1년 후, 우리 집의 꽃이 된 그녀는 우리 가족 모두를 조금씩 빼닮은 작고 앙증맞은 꽃 한 송이를 우리에게 선물로 안겨줬다. 어떤 꽃이 이보다 예쁠 수 있을까? 꽃 옆에 빙 둘러앉은 우리는 그 작은 꽃이 뿜어내는 빛과 향기에 취해 웃고 또 웃는다. 앞으로 오랜 시간 동안 수없이 모양을 바꿔가며 뿜어낼 향기와 빛깔을 상상하면 미소가 절로 만들어지곤 한다.

우리 모두도 이런 꽃이었다. 아니 지금도 우리 모두는 이런 꽃이다. 모양도 색깔도 향기도 모두 다른 각자 특별한 꽃이다. 우린 누구나 꽃처럼 예쁘게 태어났고, 꽃처럼 예쁘게 자랐고, 꽃처럼 아름답게 서로에게 다가갔다.

이 사실이 생을 다 마칠 때까지 잊히지 않기를 나는 바란다. 서로의 관계가 예민해질 때면 자기만의 특별한 향기가 치료제가 되면 좋겠다. 그 향기는 미소이며 포옹이며 따뜻한 눈길이며 먼저 내미는 손길이며 힘찬 파이팅이다. 앞으로 남은 생은 내가 먼저 그 사람에게 꽃이 되어 다가가고 그 사람 또한 특별한 꽃으로 바라보는 삶을 살아 보려한다.

우리에게 와서 꽃이 된 그녀와 그녀가 안겨준 또 다른 꽃처럼.

너를 보며

지난주 생일 전날 막내아들에게서 전화가 왔다.
"엄마! 내가 엄마 생일 선물로 뭘 준비한 줄 알아?"
"뭔데? 나 필요한 거 없어. 쓸데없는 것 사면 돈만 아까워…."
"기다려봐. 해외에서 오거든."
솔직히 생일도 관심이 없었고, 선물도 관심이 없었다.
언제부터인가 생일이 부담으로 다가왔다. 어려서 먹을 것이 귀한 시절엔 엄마가 끓여주는 미역국과 쌀밥 한 그릇만 먹어도 커다란 생일상을 받은 듯했지만, 지금은 생일이 아닌 날이 없다. 매일이 생일이다. 손만 뻗으면 눈만 돌리면 얼마든지 가질 수 있고, 먹을 수 있으니 생일과 생일 아닌 날의 차이점을 모르겠다.

 생일날 저녁, 아이들이 모두 모였다. 생일보다는 자식들의 웃는 얼굴과 떠드는 소리가 더 좋았다. 막내가 작은 상자를 보이며 선물이란다. 어젠 해외에서 오느라 시간이 걸릴 거라더니….
 주방으로 들어간 막내와 며느린 설거지하는 개수대 밑의 물건들을 다 들어내고 그 밑에 몸을 들이밀고 한참 실랑이를 하더니 싱크대 수도꼭지를 교체했다. 그리곤 내 손을 잡아끌며
 "저번에 엄마가 우리 꺼보고 좋다 해서 준비했지. 어때, 좋지?" 하며 수도꼭지를 이리저리 돌려가며 쓰는 방법을 알려줬다. '내가 그런 말을 한 적이 있던가!' 생각이 안 나지만 수도꼭지는 맘에 쏙 들었다. 지금까지 썼던 것은 상수도가 들어오기 전부터 쓰던 거라 지하수에서 나온 이물질이 끼어 물 나오는 게 시원치 않았는데, 이건 신기하기도 하고 예쁘기도 하고 편리하기도 해서 맘에 들었다. 고마웠다.

 2년 전 늦은 봄, 삼 형제 중 막내가 제일 먼저 결혼 테이프를 끊었다. 한 번도 해보지 않은 일이라 우왕좌왕 좌충우돌 잘하고 있는 건지, 부족한 것은 없는 건지…. 정신이

없었다.

 결혼식을 앞두고 막내는 함을 팔고 싶다며 내 의사를 물었다. 요즘엔 그런 거 안 한다고 말려도 막내는 기어코 하고 싶어 하는 눈치였다. 다시 한번 생각해 보자 말하고 일단 돌려보냈다.

 30여 년 전, 내 결혼식에선 함을 팔았다. 남편과 친구들이 함을 지고 집에까지 와서 아파트가 시끌벅적 구경거리가 되었다.
 한쪽 구석 깊숙이 묻어두었던 함 상자를 꺼냈다. 뽀얗게 먼지가 묻은 커다란 함은 힘이 좋은 내가 들기에도 무거웠다. 그 속에 청실홍실, 사주, 패물과 한복과 양장 등이 들어있었다. 그땐 그 속에 들어있는 것들이 하등 중요하게 느껴지지 않았다. 그저 낼 결혼식만 끝나면 단둘이 살 수 있을 거란 생각뿐이었다. 25살 그땐 그랬다.
 아들에게 전화를 걸어 새로 사느니 우리가 썼던 함을 쓰면 어떻겠냐고 물었더니, 크게 까다롭지 않은 아들은 뭐든 엄마가 해주면 다 좋다고 표현했다. 표면에 묻은 먼지를 닦아내고 마른 수건으로 닦아내니 여기저기 긁힌 자국은 있지만 꽤 쓸 만했다. 혼수 전문점에 맡기면 내가 신경 쓰지 않아도 다 알아서 해주겠지만, 난 내 생각대로 성심껏 해주고 싶었다. 예쁘지 않은 글씨지만 정성껏 둘의 사주를 써서 청실홍실로 묶어 창호지로 싸고, 우리가 사돈 댁에 보낼 것들과 편지 한 통을 써서 넣고 함 뚜껑을 닫았다.

 다음날 남편이 출근해서 아무도 없는 시간에 며느리와 아들이 처가에 간다며 양복을 차려입고 왔다. 함을 파는 전통적인 절차 같은 것들은 접어두고 할 수 있는 것들만 골라 간소하게 하기로 했다. 한복집에서 사 온 얇은 광목으로 예전에 아버지가 장에 갈 때마다 봇짐을 묶던 방법을 떠올려 매듭을 지어서 아들 등에 지어주었다. 많이 마른 아들의 가녀린 어깨가 휘청이는 것처럼 느껴졌다. 오동나무로 만든 함이 크고 무거웠기 때문이었다.

 아들이 다녀오겠다며 나를 힘껏 안아주곤, 커다란 함을 지고 현관을 나서는 뒷모습을 혼자 물끄러미 바라보았다. 뒤돌아 웃어주는 아들을 보고 나도 같이 웃어 보이긴 했지만, 많은 생각이 전광석화처럼 스쳤다.
 마냥 아이 같기만 한데, 아직 못 해준 게 너무 많은데, 너무 부족한 엄마인데….
 평생 한 아내만 바라보며 살았으면, 사랑받는 남편이었으면, 양쪽 부모들과 척지지 않고 잘 살았으면, 열심히 돈을 벌어 처자식 굶기지 않고 살았으면, 아프지 말고 건강

했으면, 형제간 우애도 끊어지지 않았으면, 행복한 가정을 꾸렸으면 했다.

 저 가녀린 어깨에 그 많은 것들이 얹혀 있다는 것을 아들이 알고 저 함을 진 걸까?
 아주 잠깐이지만 함을 빼앗고 가지 못하게 꼭 붙잡고 싶은 충동이 일었다. 하지만 내 맘과는 다르게 아들은 기분이 좋아 보였다. 꿀이 뚝뚝 떨어지는 눈으로 아내가 될 여자 친구를 차에 태우고 대문을 나섰다.

 저녁 늦게 잘하고 왔다고 전화가 왔다. 안도의 숨이 쉬어졌다. 나도 막내만큼 긴장하고 있었던 것 같다. 어머니가 생각났다. 아들에게 함을 지어주며 우리 집으로 보낼 때, 어머님도 이렇게 복잡한 심정이었겠지! 삼형제 중 둘째인 남편도 가장 먼저 결혼했다. 지금의 내 나이보다 훨씬 젊었던 어머니도 섭섭함과 걱정과 염려가 함께 했을 것이다.

 2년 전의 내 마음은 그랬다.
 하지만 내 염려가 무색하게 어린 나이임에도 불구하고, 막내임에도 불구하고, 형들보다 더 어른스러운 느낌이 든다. 옛 어른들이 결혼하고 아이를 낳으면 철이 든다더니 정말 그런 것 같다. 퇴근길에 먹을 것 가지고 들르는 것도, 우리와 본인의 건강을 챙기는 것도, 처자식을 챙기는 것도, 열심히 돈을 벌러 나서는 것도…. 뭐든 열심이다. 맘이 놓인다.

2년 전, 함을 지고 현관을 나서는 막내의 어깨를 보는 내 생각만 너무 어렸던 것 같다.

싱크대 수도꼭지를 갈아주는 너를 보며 함을 지고 나설 때 붙잡지 않은 것이 얼마나 다행이었는지….

큰아들의 큰 손

어버이날이라고 대학원에 다니는 큰아들이 올라왔다.

당일은 시댁 식구들이 모두 모여 복잡했고, 다음 날 아침 일찍 산책을 가기로 했다.

황사가 사라진 맑고 이쁜 날이다. 다행이었다.

큰아들! 첫째 아들이기도 하지만, 몸도 엄청 큰~~ 아들이다. 키도 크고, 발도 크고, 손도 크고, 어깨도, 배도……. 모두가 큰~~ 아들이다.

부엌 창문으로 보이는 아버님 산소에 인사를 드리러 가기로 했다.

가면서 물었다.

"손잡아도 돼?"

큰아들은 아래 두 아들과 달리 손잡는 걸 싫어한다. 반면에 난 좋아하고.

"음~~~~~ 그래!"

"오늘은 특별한 날이니까 잡도록 해주지."하고 씩 웃으며 내 손을 잡는다.

내 큰 손이 더 큰 아들 손에 파묻힌다.

따뜻하고 든든하고 편안하다.

아들은 크기에 어울리지 않게 재주가 다양한 손을 가졌다. 아주 세밀한 것부터 요리와 청소까지.

내 아들이지만 그 큰 손이 못 하는 게 없다. 남편을 닮았음이라.

걸어 20분쯤 되는 곳에 아버님 산소가 있다.

아버님은 우리가 논을 사서 흙을 채워 다지고, 집 방향을 놓고 고심할 때쯤 갑자기 돌아가셨다.

10년 전에 찾아온 뇌경색으로 인해 불편한 몸을 힘들어하셨었다.

운 좋게도 돌아가신 날 산소 자리가 나왔고, 그날 바로 산을 구입하고, 땅을 파서 일사천리로 아버님을 모셨다.

역시 뭐든 척척 해내는 남편의 힘이었다.

지금은 주방 식탁 창문으로 산소가 어렴풋이 보이고, 뒤로 계룡산 천왕봉과 철탑이 나란히 보인다.

보기 좋다.

아들은 산소에 다 갈 때까지 손을 놓지 않았다.
걸으면서 초파리의 날개를 자르고 알을 염색하고, 잘못된 곳을 찾는 등 치매와 관련된 세밀한 작업을 요하는 실험에 대해 말해 줬지만, 내 마음은 땀이 나도 놓지 않는 손에 가 있었다.
언제나 이성적이고, 차갑고, 흐트러짐이 없는 어려운 아들이었기 때문이었다.
흐뭇했다.
열이 많은 아들은 산소에 다 가도록 젖은 손을 놓지 않았다.

아들과 함께 아버님께 절을 했다.
"아버님! 감사합니다."
"아들 손을 잡고 올 수 있는 시간과 장소를 마련해 주셔서······."
아침 이슬에 운동화가 젖고 있었지만 개의치 않았다.
큰아들과의 데이트하는 시간은 늘 어버이날이면 좋겠다고 생각하며, 아들과 함께 묏등으로 쏟아지는 아침 햇살을 편안히 바라보았다.

빨간 내복 대신이야!

"엄마, 배가 터질 것 같아. 배가 너무 불러."
전화기 너머 둘째 목소리다.
"맛있는 걸 얼마나 먹었길래 배가 터져." 내가 물었다.
"맛있는 건 아니고, 하루 종일 너무 욕을 먹어서 오늘 저녁은 굶어도 될 것 같아."

3개월 전, 대학 졸업 후 몇 군데 원서를 내고 건설회사에 입사한 둘째가, 신입 사원의 고달픔과 기쁨이 섞인 목소리로 첫 월급을 탔다고 전화를 했다. 알바할 때와는 격이 다른 금액이라 배 터지게 욕은 먹었지만 다소 흥분된 목소리였다. 원하는 거 다 사 준다기에 지고 다니는 농약

통 2개만 사달라고 했다. 제초제용과 살충제용으로. 아들은 본인의 첫 월급을 살상용으로 쓰는 건 아닌 것 같다며 그거 빼고 다 사 준다면서 한참 너스레를 떨었다.

첫 출근 날, 긴장감에 밥맛없다는 말을 못 들은 체하고, 하얀 쌀밥에 미역국을 한 그릇 먹여 보냈는데…. 한 달 만에 돌아온 아들의 팔과 얼굴은 검은 블랙커피 색이 되어 있었고, 바람 안 통하는 작업화 탓에 발가락은 습진으로 말이 아니었지만, 신입 사원의 시간을 잘 견디고 있는 것이 대견하고도 안타까웠다. 저녁 식사 후, 우리에게 아주 작은 종이 가방을 내밀었다.
"빨간 내복 대신이야."
금반지였다.
대학 입학 후, 노는데 정신이 팔려 우릴 애태우더니, 스스로 해병대에 다녀온 후, 정신을 차렸는지 다시 수능을 봤고, 한참을 돌아 돈과 시간을 허비한 후, 빨간 내복 대신에 온 금반지가 우릴 적잖이 놀라게 했다.

나도 그런 날이 있었다. 난 17살에 부모님께 드릴 빨간 내복을 샀다.
중학교 졸업 후, 야간 고등학교에 가기 위해 서울로 올라갔다. 언니들이 모두 걸어간 길이기에 야간 학교에 가야 한다는 것도, 가정 형편이 어렵다는 것도 불평불만 없이 당연하게 받아들였다. 구로공단의 수출용 장난감 만드는 공장에서 일했다. 낮에는 일하고, 밤에는 학교에 다녔다. 주위의 모든 사람이 그렇게 학교에 다니는 것을 보고, 그 또한 당연하다고 여겼다. 지금 생각하면 너무도 열악한 환경이었다. 낮은 수준의 의식주를 제공했지만, 불만을 터트리는 사람은 못 본 것 같다. 막 노조가 생기기 시작할 무렵이라 회사 내에서도 우리가 행여 그곳에 가입할까 감시가 심했고, 학생운동을 하려고 몰래 들어온 대학생들을 색출하기도 했던 시기적으로 민감한 때였다. 그래도 전국에서 야간 학교라도 가려고 올라온 어린 학생들부터 나이 많은 학생들까지 나름 학구열이 높았다.

빈틈없이 줄지어 내려오는 컨베이어 벨트 양옆으로 앉아 납땜하고, 스크루를 조이고, 바퀴를 달고…. 여러 종류의 장난감 자동차를 하루에도 몇 번씩 라인을 바꿔가며 군소리 없이 일했다. 외국 바이어라도 오는 날이면, 반장의 목소리는 날카롭게 날이 서고, 어린 우리들은 죄인인 양 고개를 숙이고 로봇이 되었다. 그때 받은 첫 월급이 7만 2천 원. 제일 먼저 산 것이 부모님의 빨간 내복이었다. 그 내복을 잘 간직하고 있다가, 명절에 자랑스레 부모님 앞에 내보였다. 그때 나에게 무슨 말을 했는지 기억은 없지만, 작은 얼굴에 긴 머리를 단정하게 틀어 올려 쪽을 진

머리가 예뻤던 엄마가 웃으셨던 기억이 난다. 그땐 너나 없이 빨간 내복을 샀던 것 같다.

  왜 하필 빨간 내복일까? 첫 월급의 효도 선물이 다른 사람 눈에 잘 띄도록 하기 위함일까? 아니면 따뜻해 보여 마음이 훈훈해져서일까? 첫 월급에는 빨간 내복이라는 것을 아들은 또 어떻게 알았을까?
  빨간 내복 대신으로 우리에게 온 금반지를 난 서랍 깊숙이 숨겼다. 아직 착용할 수가 없다.
  낯섦과 두려움과 고단함과 젊음을 이 금반지와 바꾼 것임을 너무도 잘 알기에. 가끔 둘째가 보고 싶으면 깊숙이 묻어둔 서랍을 연다.
  예전 17살의 어린 내가 부모님께 빨간 내복을 사 드렸을 때, 엄마도 지금 이런 마음이었을까?

웃음이 난다

 바쁘다는 핑계로 미루고 미루던, 하루가 멀다하고 전화하시는 어머님을 모시고 목욕탕에 갔다. 예전엔 자주 가던 목욕탕을 연세 드신 어머님이 코로나로 고생할까 싶어 오랜만에 왔더니 무인 시스템으로 바뀌었다. 무인기 앞에서 어리둥절 잠시 머뭇거리다 계산하고 열쇠까지 받아 쥐는데 성공했다.

 입담 좋으신 어머닌 지난번보다 허리가 좀 더 굽으신 듯하고, 좀 더 숨차하시면서도 낯모르는 옆의 할머니들에게 내가 딸이라 말하며 묻지 않는 자랑을 늘어놓으셨다. 난 옆에서 그냥 웃는다. 세신 침대에 나란히 누워 세신을 받는 것도 그리 오래되지 않은 큰 변화다. 처음 나란히 누웠을 땐 서로 민망함에 아무 말이 없었는데, 이젠 어머님이 먼저 침대에 누워 한바탕 이야기보따리를 풀어헤친다. 덕분에 난 때를 밀어 드리는 수고에서 벗어났고 그냥 옆에 누워서 웃으면 된다.

늦은 점심을 먹었다. 날씨가 추워진 관계로 메뉴는 갈비탕. 연신 입맛이 없다 하시면서도 맛있게 싹싹 다 드시니 흐뭇하다. 식사를 끝내고 좀 쉬었다 가자 하시며 다시 이야기를 시작하신다. 너무 많이 들어 이젠 외울 수도 있다. 언제나 내용이 조금씩 각색되긴 하지만. 난 옆에서 '아~ 네~' 하며 처음 듣는 것처럼 맞장구치면서 웃는다.

하루 일정이 끝나고 시댁에 오니, 며느리 오면 준다고 따서 모아둔 호박이 썩기 시작했다. 내가 늦게 온 탓이다. 그래도 힘들게 따오신 성의를 생각해서 닭에게 주려고 주섬주섬 박스에 담는 걸 보시고 어머님은 뒤뚱거리며 텃밭으로 가시더니 어젯밤 서리에 언 빛바랜 호박들을 모두 따서 던진다. "이렇게 많이는 필요 없는데…. 얼기 전에 먹을걸…. 아깝다." 속으로 중얼거리며 주워 옮기니 차 트렁크에 꽉 찬다. 당신이 농사지은 것을 며느리 차에 가득 실은 것을 보니 좋으신가 보다. 또 이야기보따리를 푼다.

난 웃는다. 수없이 들어 다 아는 얘기다.

집에 돌아와 호박 몇 개를 썩썩 썰어 닭장 앞으로 가니, 닭들이 목을 한자나 빼고 문 앞에서 열 맞추듯 모여 주인을 바라본다. 마치 장에 다녀온 엄마의 보퉁이 바라보듯이.
그 모습이 귀여워 웃음이 난다. 닭장에 들어가 닭들이 먹기 좋게 여기저기 뒤집어 놓으니, 하나라도 더 먹겠다고 푸덕거리는 바람에 닭장 안엔 금세 먼지가 뿌옇게 일었지만, 그 모습도 귀여워 웃음이 났다.

차에 있는 호박을 모두 하우스로 옮기고 보니 꽤 많다. 한동안 닭들에게 보약 같은 간식을 줄 수 있다고 생각하니 흐뭇해서 또 웃음이 났다.

어둑어둑해진 저녁. 산을 마주한 마당에 가을이 수북이 쌓였다. 쓸어버릴까! 하다가 바스락바스락 마른 낙엽이 들려주는 가을 이야기가 정겨워 그냥 두었다.
키 큰 소나무 밑에 자리를 잡은 무화과나무는 노랗게 물들였던 내 손바닥보다 커다란 잎을 모두 떨구고, 품질 좋은 무화과와는 비교도 안 되는 작은 열매만 쪼르륵 남았다. 말랑말랑한 무화과 한 개를 따 옷에 쓱 문질러 입에 넣었다. 사 먹는 것과 차원이 다른 깊어가는 가을의 농익은 맛이 났다. 입안 가득 번지는 가을 맛에 웃음이 절로 난다.

  마음을 열고 멀찍이 떨어져 찬찬히 일상을 바라보면 삶 전체가 웃을 거리다.

페로몬

 가을이 현관문 앞에 수북이 쌓였다. 어젯밤 바람이 전한 소식이다.

 30년 전 이맘때, 대전 근교 시골 마을의 작은 다방에서 24살의 난 지인과 함께 한 사람을 기다리고 있었다. 나는 시골 다방과 다소 어울리지 않게 나름 한껏 멋을 냈다. 하늘하늘 하얀 블라우스에 마른 몸을 더 날씬하게 보이기 위해 허리를 졸라맸고, 굽 높은 구두에 긴 생머리가 한 올도 흐트러지지 않게 매끈하게 땋아 내리고, 다소곳이 앉아 최대한 예쁘게 보이려 애썼다.

약속 시간이 지났다.

……

한 시간이 지났다.

가야 하나 기다려야 하나.

빛바랜 벽지와 커튼 그리고 커피를 서빙하는 예쁜 아가씨의 껌 씹는 소리와 늘어지는 음악 소리가 심란한 마음을 더 심란하게 했다. 또 시간이 얼마쯤 지나, 다방 문이 열리고 한 청년이 허둥지둥 들어와 수줍고 멋쩍은 듯 겸연쩍게 웃으며 자리에 앉았다.

지인은 떠나고 둘만 남았다. 서로 말없이 얼마간의 시간이 흐른 뒤 그가 말했다. "현장에서 일이 늦어져서…." 말끝을 흐렸다. 그래 보였다. 땀범벅 티셔츠에 흙투성이 작업화, 어울리지 않게 목이 긴 하얀 양말, 그 속엔 미처 빼지 못한 채 접혀있는 바짓가랑이가 두툼했다. 세수만 대충했다며 헝클어진 머리카락을 굵은 손가락으로 연신 빗질을 해댔다.

한껏 꾸민 나와, 막노동 현장에서 급히 온 이 남자. 분명 본인이 일하는 곳의 사장 동생이라는 걸 알고 있을 텐데…. 무슨 자신감으로 이런 모습을 하고 맞선 자리에 나왔을까? 길지 않은 시간 동안 수많은 생각이 스치고 사라졌다.

작은 키, 떡 벌어진 어깨와 탄탄해 보이는 몸, 다부진 몸놀림과 기죽지 않는 눈동자!

찬찬히 바라보다 드디어 결정했다. 내가 먼저 손을 내밀었다. "우리 사귀어 볼까요." 그가 주뼛주뼛 부끄러운 듯 손을 잡았다. 그의 두꺼비같이 통통하고 커다랗고 거친 손은 따뜻했고, 그 남자의 옆에서 쉬지 않고 돌아가던 선풍기 바람은, 옥수수가 쉰 것 같은 땀 냄새를 연신 내게 보냈다.

만남을 이어가는 내내 늘 기다리는 건 내 몫이었다. 그런데도 언제나 기죽지 않는 당당한 모습의 그는, 처음 모습처럼 땀범벅 작업복 차림으로 쉰 옥수수 냄새를 풍기며 트럭을 몰고 나타나, 백화점이 아닌 시장 좌판대의 순대와 닭발이 얼마나 맛있는지 내게 가르쳐주었다. 그러면서 자기가 앞으로 얼마나 잘 사는지 내게 보여 줄 거라고 말하곤 했다.

1년이 지난 어느 날, 수완 좋은 그는 어디서 구했는지 손가락 사이즈를 재는 반지 측정기를 꾸러미 채 들고, 멋지고 깨끗한 옷차림으로 어깨에 힘이 잔뜩 들어간 체, 내 앞에 나타났다. 그날은 그에게서 다이얼 비누 냄새가 났다.

결혼 후 30년이 된 지금도, 그는 처음 모습 그대로 둘째가라면 서운해할 만큼 성실하고 부지런하다. 여전히 땀 흘려 일하는 것을 좋아하고, 여전히 동물이나 곤충이 상대를 유혹할 때 뿜어내는 페로몬과 같은 쉰 옥수수 냄새를 내게 풀풀 뿜어낸다. 그 페로몬으로 인해 나의 순수했던 첫사랑이, 마지막 사랑이 될 가능성 99%쯤 되지 않았을까?

가끔, 아주 가끔, 남편과의 사이가 소원해질 때면, 나는 그가 처음 내게 뿜었던 쉰 옥수수 냄새와 소심했던 내가 당차게 먼저 내밀었던 나의 손을 떠올리곤 한다. 그것은 나만의 처방전이며, 명약이다. 다른 해보다 유난히 더 바삐 움직이는 그의 뒷모습을 보면서, 하루쯤 쉬었으면 하는 마음을 다독이며 오늘도 난 나에게 명약을 처방했다. 그 명약은 너무도 멋진 가을 하늘과 선선한 날씨와 아름다운 단풍이 어디든 떠나라 날 유혹해도 그의 곁에 머물도록 하는 순간 접착제와 같이 강력하다.

세상 모든 것을 품은 사진 한 장

 결혼 30주년이다. 그날 정신없이 일하다 보니 어쩔 수 없이 아침과 점심을 거르게 되었고 저녁에 단둘이 외식이나 하자 했다. 좀 서둘러 일을 마무리하고 저녁 먹으러 가려는데 막내아들 내외가 저녁을 사겠단다. 조용하게 둘이 보내고 싶어 사양했지만, 케이크와 선물을 준비했다며 굳이 따라나선다.

 고기 굽는 게 귀찮아서 구워서 나오는 석갈비를 주문하고, 막내가 이틀 전에 심혈을 기울여 주문했다는 귀엽고 예쁜 해바라기 데코가 있는 케이크를 잘랐다. 아직 어리게만 느껴지는 아들 내외의 마음 씀이 고마웠다. 4달 전

결혼해서 우리 집의 새아기가 된 며느리가 조그만 상자를 쑥 내밀고 쑥스러운 듯 웃으며 "두 분께 드리는 선물입니다." 한다.

"우리 집의 새아기가 되어 준 거로도 충분한데 무슨 선물까지……." 말하며 우린 웃었다. 내가 전부터 작업용 두꺼운 양말이 필요하다고 말해왔기 때문에 당연히 양말일 거라 생각하며 상자 뚜껑을 연 순간 남편과 난 얼음이 되었다.

선물용 작은 상자엔 까만 점만 찍힌 아기 초음파 사진이 들어있었다. 새아기 볼 때마다 남편은 손주 보고 싶다 노래를 불렀고, 새아긴 생활이 안정되면 생각해 보겠다고 말하곤 했는데….

이렇게 일찍, 이런 귀한 선물을….

그날 너무 흥분한 나머지 음식을 싹싹 비우는 먹성 좋은 우리 가족은, 또 행여나 음식이 남으면 집에 있는 강아지 '동이'랑 '구리' 준다고 언제나 주섬주섬 챙겨오는데, 그날은 고기를 모두 남기고 돌아왔다. 집으로 돌아와 흥분이 좀 가라앉자, 남편은 그제야 저녁을 먹지 않고 온 걸 알았고, 우린 라면을 끓여 결혼 30주년을 자축했다. 이야기 주제는 온통 새아기가 품은 손주뿐이었다.

일과 먹는 것을 인생의 최고로 여기는 남편이 먹는 것을 잃어버릴 정도로 놀랍고, 흥분되게 했던 그 작은 사진 한 장을 보여준 막내와 새아기가 새삼 대견하고 자랑스럽게 느껴졌다.

  나도 새아기와 똑같이 세 명의 아이를 품은 적 있고 낳은 적 있었는데, 이제 그 가슴 떨리는 전율이 가물가물하다. 어머님께서 늘 자식보다 손주가 더 이쁘더라 하셨는데…. 아마 나도 그럴 거 같다. 자식은 모든 걸 다 맡아서 돌보고 가르쳐야 하는 막중한 책임과 의무가 따르고, 또 작은 일도 과장되게 봄으로서 무슨 대단한 사람이라도 될 것 인양 착각하는 이상한 버릇이 있는데, 손주는 그런 책임과 의무에서 벗어나 좀 멀리서 있는 그대로 바라볼 수 있을 듯하다.

  남편이 라면을 먹으며 연신 히죽히죽 웃으며 말했다.
  "태어나면 연예인을 시킬 거야. 돈이 얼마가 들어도 최고로 멋진 손주를 만들어야지. 세상에서 할 수 있는 건 뭐든 다 해 줄 거야…." 하며 내 자식에게 못한 일들을 손주에게 모두 쏟아부을 기세다.
  난 남편의 말에 미소로 답하며 속으로 말했다. 난 손주가 집에 놀러 오면 이 할머니 손이 얼마나 따뜻한지 잡아

보게 할 거고, 밭으로 데려가 흙냄새를 맡게 할 거고, 바위 밑에 사는 곤충을 보여 줄 거고, 배춧잎을 갉아 먹는 초록색의 나비 애벌레 발을 같이 세어 볼 거고, 밤엔 잠자는 개구리와 올챙이와 사슴벌레를 보러 갈 거고, 여름밤엔 마당에 누워 별을 헤아릴 거고, 바람 부는 날엔 얼굴에 스치는 바람을 느끼는 법을 일러 줘야지. 그리고 또…. 그리고 또….

새 생명을 잉태한 새아기와 막내아들은 그들만의 새로운 역사를 만드느라 기쁨과 고민이 함께 하겠지만, 우리 부부는 기쁨뿐이다. 이것이 부모와 할머니, 할아버지의 차이인가보다.

손녀와 나

아들 내외가 돌이 얼마 남지 않은 아이를 잠깐 맡겼다. 아이가 엄마 품에서 내게 오려 작은 팔을 뻗으며 애쓰는 모습에 나도 모르게 맘이 설렌다. 예전 같으면 등에 업었겠지만 지금은 앞으로 안는 것이 좋다고 해서 아이를 앞으로 안고 화려한 영산홍과 철쭉이 무더기로 피어있는 뜰을 천천히 거닐며 노래를 흥얼거린다.

할아버지 지고 가는 나무지게에
활짝 핀 진달래꽃 피었습니다.
어디서 날아왔나 노랑나비가
할아버지 나무지게 따라갑니다.

아지랑이 속으로 노랑나비가
너울너울 춤을 추며 따라갑니다.

　노래를 부르자 아이가 내 리듬에 맞춰 몸을 들썩인다. 난 철쭉을 보며 어린 시절 봄이면 산에 지천으로 피어 우리의 먹거리가 되었던 철쭉과 비슷하게 생긴 진달래를 떠올렸고, 그러자 이 노래가 불현듯 생각났다. 초등학교 시절 국어 시간에 외우라 해서 외운 동시를 운율에 맞춰 노래하듯 말하듯 읊조렸다.

　아버진 순박한 시골 농부였다. 농번기가 끝난 늦가을 무렵이면 아버지는 겨울에 쓸 땔감을 하러 하루 종일 산을 누볐다. 아버진 지게를 지고 천천히 산을 오르며 무슨 노랜지 정가 같은 노래를 흥얼거렸고, 그럼 나도 아버지 뒤에서 이런저런 노래와 학교에서 배운 이 시를 노래하듯 부르며 아버지 발자국을 좇았다.
　아버지 지게 위 나뭇단에 진달래꽃이 나뭇짐과 같이 묶였고, 그 꽃을 나비가 너울너울 춤을 추며 꿀을 빨기 위해 따라가는 상상을 하면서 말이다. 얼마나 이쁘고 아름다운 모습인지…. 상상만 해도 미소가 번진다. 지금은 지게라는 단어조차 쓸 일이 별로 없고, 그것의 쓰임이 뭔지 잘 모르는 아이들이 많을 것이다. 지금도 이런 시가 교과서에 실려 있을까? 살짝 궁금해진다.

　아버진 지게 위에 굵은 참나무 서너 개를 올려 지게 작대기로 받쳐놓고, 내가 가지고 내려갈 잔가지를 새끼줄로 묶어 주면 난 그것을 끌고 내려왔다. 아버진 가지고 온 나무를 아궁이에 넣기 쉽도록 토막을 내서 장작을 팼고, 그럼 우리는 아버지가 패놓은 장작을 두세 개씩 안아 뒤 곁처마 밑에 쌓았다. 늦가을부터 초겨울까진 겨우내 땔 장작을 만들어 놓는 것 또한 농사만큼 큰일이었다. 지금 생각하니 작은 초가집에 지붕도 낮아서 장작을 그리 많이 쌓지는 못한 것 같은데 작은 아이였던 그 당시는 그것이 엄청 많은 양이라고 생각했었다. 그렇게 아버지를 도와드리곤 아주 큰 일이라도 한 것처럼 아버지의 칭찬을 기다리곤 했던 기억이 난다..

　키 작은 소나무 밑에는 할미꽃도 피었다. 잡초와 섞여 아이의 눈에는 잘 띄지 않는지 아이는 다른 곳에 눈이 간다. 할미꽃잎을 하나 따서 아이 코 가까이 대주니 아이가 가만히 냄새를 맡는다. 그 모습도 예쁘다. 색다른 향에 대해 반응을 하는 모습에 또 맘이 설렌다. 할미꽃에서도 연한 향기가 난다. 딱히 무슨 냄새라 표현하지는 못하겠고 그냥 따뜻한 냄새라고 표현하고 싶다.

난 어려서 부르던 할미꽃 노래가 생각나 아이 귀에 대고 속삭이듯 불러줬다.

뒷동산에 할미꽃 꼬부라진 할미꽃
젊어서도 할미꽃 늙어서도 할미꽃
하하하하 우습다 졸고 있는 할미꽃
아지랑이 속에서 무슨 꿈을 꾸실까

요즘 노랫소리에 반응을 보이는 손녀는, 노래만 나오면 몸을 들썩이며 고개를 까딱인다. 그 모습이 귀여워 나도 같이 아이를 안고 이리저리 빙글빙글 몸을 돌려 춤을 추며 노래를 부른다.
예전엔 생각 없이 그냥 불렀는데, 지금 보니 작사를 너무 잘한 것 같다. 누가 지은 노래일까? 노래도 쉽고, 노랫말도 예쁘고.

할미꽃은 뒷동산 양지바른 곳과 무덤가 같은 따뜻한 곳에서 많이 피었다. 보라색 꽃잎과 잎에 하얀 솜털이 보송보송 덥혀있고, 꽃대보다 꽃송이가 커서인지 고개를 숙여 자라고, 꽃이 지고나면 꽃잎을 떨군 자리에 하얀 머리카락 같은 털이 수북이 자라 민들레 홀씨처럼 바람을 타고 날아가며 씨앗을 퍼트린다. 이렇게 허리를 숙인 것 같고, 백발처럼 씨앗을 맺는 모습에 그런 이름을 붙인 듯하다.

내가 다니던 초등학교는 집에서 너무 멀었다. 그 먼 길을 힘들지 않게 다닐 방법을 생각해 낸 것이 노래를 부르며 다니는 거였고, 박자를 맞추어 걷다 보니 더 빨리 걸을 수 있었다. 라디오에서 나오는 동요와 학교에서 배우는 노래를 부르며 다녀서인지 지금도 꽤 많은 동요를 안다. 요즘 나오는 가사는 외우지도 못하는데 그 옛날에 부르던 노래는 가사를 안 보고도 불리니 신기하다.

아이와 있으면 난 아이가 된다. 아이 같은 눈이 되고, 코가 되고, 귀가 되어 주변을 훑는다. 모든 것을 관념을 통해 보는 것이 일상이 된 지금, 아이와 같이 있으면 주변의 모든 것이 새롭고 신기하게 보이며, 아이와 같이 있는 짧은 이 시간이 내겐 신이 주는 선물처럼 느껴진다.

아름다운 배려

 형제들 생일이 대부분 봄 언저리에 걸려 있고, 가을에 2명이 있다. 엊그제 하루 상관인 나와 큰오빠의 생일을 맞아 두 가족 빼고 모두 모였다. 보통 가운데 자리는 어른들이 앉는데 생일을 핑계로 오빠 옆의 가운데 자리를 꿰찼다. 서로의 안부를 물으며 화기애애한 분위기가 만들어지고 맛있는 음식이 줄지어 테이블에 올랐다. 음식을 보던 오빠가 웃으면서 한마디 한다.
 "며칠 전 지인이 보내온 옥수수를 집사람이 반쪽 주길래 한입을 베어 물었는데, 나도 모르게 눈물이 죽 흐르는 거야."
 "왜?" 우리 모두 궁금했다.

"너무 맛있어서…. 너무 맛있어서 눈물이 나더라구. 옛날엔 옥수수가 너무 맛있어도 없어서 못 먹어 눈물이 났는데, 지금은 먹을 수가 없는 몸이 되었는데, 한입 베어 문 그 옥수수가 너무 맛있어서 나도 모르게 눈물이 나오는 거야."

형제 중 유난히 가난을 싫어했던 큰 오빠다.
오빠는 사람들에게 궂은일을 해주고도 모질지 못해 늘 제 밥그릇을 잘 챙기지 못하는 아버지와 엄마가 못마땅했고, 큰 소리를 내서 자기주장을 펼치지 못하는 부모를 이해하지 못했다. 짜증 날만큼 착해빠진 부모와 그들이 낳은 많은 자식이 초가지붕에 박 달리듯 오빠의 등에 주렁주렁 커다란 박처럼 매달렸다. 부모의 가난을 대물림하지 않으려는 처절한 몸부림의 시간이 길고도 길었다. 그 근본적인 가난에서 벗어나고자 갖은 애를 쓴 덕분에 모든 가난을 훌훌 다 벗어 던졌지만, 몸은 그 후유증으로 삶을 오래 이어가지 못할 만큼 많이 망가졌다. 신장을 이식받아야 했다. 자식들보다 형제들이 더 잘 맞는다는 소리에 우리는 모두 검사를 했고, 여섯 번째 언니가 가장 적합하단 결론이 났다.

여섯째인 언니는 해보며 울보다. 마음도 여리고 감성도

풍부해 작은 일에도 하마처럼 입을 크게 벌려 활짝 웃는 해보고, 우리가 보기엔 별거 아닌 일에도 금방 커다란 눈망울이 벌겋게 붉어지는 울보다. 그 언니의 모토는 '오늘 하루만 잘 살자' 이다. 늘 '오늘 하루 잘 살면 다 괜찮다.'라고 말하는 긍정 마인드 소유자. 언니는 오빠에게 신장을 주기 위해 하던 운동에 강도를 더 높였고, 더 잘 먹고, 더 행복하려고 노력했다. 울지 않으려고도 노력했다. 행여나 언니의 눈물까지 오빠에게 옮겨갈까 염려에서.

 드디어 언니의 일부가 오빠의 몸속에 자리 잡았다. 두 분 다 고생은 했지만, 성공적으로 잘 주고 잘 받았다. 오빠는 '신장이 하나 더 생겨 살이 쪘다' 했고, 언니는 '하나가 빠져 날씬해졌다' 말해 숙연해야만 할 것 같은 공간을 밝음으로 채우며 모두 웃었다.

 벌써 몇 년이 훌쩍 지났다.
 언니는 보기에도 애처로우리만큼 많이 말랐다. 우리가 너무 마른 거 아니냐 물으면
 "에이, 참! 또 보여 줘야 하는 거야?"
 하며 소매를 쑥 올리고, 뽀빠이처럼 알통을 드러내 보이며
 "어때 내 근육"
 하며 환하게 웃는다. 산악자전거 타는 것이 취미인 언니

는 온몸의 근육이 돌덩이처럼 단단해도 운동을 쉬지 않는다. 행여나 아프면 수술을 허락해 준 남편에게도 미안하고, 또 행여나 아프다는 소리가 오빠 귀에 들어가면 '혹시나 나 때문일까?' 속상해할 오빠를 염려해서 늘 음식도 운동도 행동도 자기 관리를 소홀히 하지 않는다.

오빠도 많이 말랐다. 오빠도 늘 운동을 쉬지 않고 하며, 음식 조절도 언니보다 더 철저히 한다. 면역이 좋아지면 언니에게 받은 신장을 공격할 수 있고, 면역이 덜어지면 다른 질병이 찾아오니 좋지도 나쁘지도 않은 중간이 되도록 자기 관리에 철저하다. 또 오랜 시간 주치의처럼 자신을 살펴주는 아내와 자신의 일부를 선뜻 내어준 동생과 그 동생의 남편 맘이 고마워 함부로 아플 수가 없다고 했다.

오빠와 언니를 보는 다른 형제들은 서로에게 짐이 되지 않기 위해 노력하고, 서로의 짐을 나눠지려 애쓴다. 예전처럼 한 사람의 등에 모든 짐을 올리고 나 몰라라 하는 이기적인 행동은 이제 않는다. 서로를 위한 기둥이 되고, 서로의 안녕을 위해 노력하고 애쓰는 모습은 그들을 보는 우리에겐 추운 겨울 따스한 봄볕처럼 다가와 스스로를 돌아보게 하는 인생의 나침반이 된다.

한여름의 파라솔처럼 혼자의 힘으로 커다란 기둥이 되

어 감내하던 것들을 이제는 여덟 개의 기둥이 함께 떠받고 있으니 우리 아홉 남매는 끄떡없다.

그래도 이렇게 오감을 자극하는 치명적 매력을 겸비한 먹을 것이 넘쳐나는 시대에, 눈으로만 먹어야 하는 것은 정말 눈물 나리만큼 참기 힘든 고역일 것이다.

형부

아침 일찍 언니한테서 형부를 우리집에 보냈다는 톡이 왔다.

오전 10시쯤. 언니가 손수 만든 두부 두 모를 가지고 형부가 왔다.

"아프다고 누워 있다가 쫓겨났어."

무슨 일이 있었는지, 눈에 선하다.
바쁜 농사철에 누워만 있으니 얄밉기도 하고, 또 자꾸 아프다고 해서 걱정도 되니 아이 달래듯 어디든 나가 바

람이라도 쐬라며 두부를 손에 들려 내게로 보낸 언니의
애잔한 맘이 보였다.

　나의 아홉 형제 가운데 넷째 언니는, 꽃다운 나이인 열
여덟에 아랫집에 살던 11년 차이 나는 형부에게 시집을
갔고, 아직 그곳에 살고 있다. 태어나서 한 번도 그곳을
떠나 다른 곳에 살아본 적 없는 언니다.
　우리 형제가 어린 시절을 보냈던 골짜기의 이름은 '선학
동'이다.
　'신선과 학이 사는 골짜기'라고 형부의 아버지가 지으셨
다고 했다. 정말 신선이 살 것 같은 산이 깊고 아늑한 곳
이다.
　부모님 산소를 우리가 어렸을 적 부모님과 살던 집 뒤
가까운 곳에 모신 후, 자연스레 언니네 집은 우리 아홉 형
제의 친정이 되었다. 오빠와 큰 언니도 있지만 언제나 엄
마 대신은 넷째 언니다. 늘 친정 식구의 중심엔 넷째 언니
와 형부가 있다.
　지나가다 배고프면 들어가 밥을 먹고 나와도 별 탈이 없
는 인심 좋은 언니네는 가는 길이 불편한데도 언제나 사
람이 끊이지 않는다. 눈에 보이는 모든 곳이 저절로 만들
어진 자연농원이어서 계절 따라 갖가지 산나물이며, 더
덕, 도라지 등의 각종 약초며, 머루 다래 같은 야생 과일

이 지천으로 자라고, 겨울엔 난방에 필요한 장작까지 뭐든 무일푼으로 조달 가능한 멋진 곳에 언니와 형부가 산다.

마음씨 좋은 형부는 항상 병치레가 잦았다. 하루 일하면 삼일 누워 있는 것이 결혼해서 지금까지라고 언니는 습관처럼 말하곤 한다. 그만큼 자주 아팠고, 그 때문에 언니의 고생은 말이 아니었다.

농사꾼인 형부는 아이러니하게도 작업복보다 양복이 참 잘 어울린다. 반듯한 자세에 늘 정돈되고, 차분하고 선한 눈을 가졌다. 내 생활이 바빠 자주 가지는 못하지만, 갈 때마다 책을 읽고 있는 모습을 보면 내가 상상하는 농사꾼이란 직업과 거리가 있어 보였다. 지난번에 들렸을 때엔 한자로 된 김삿갓 시조집을 읽고 있었고, 내 눈엔 그 모습이 흡사 예전 선비의 모습으로 비쳤다.

나와 내 동생들은 언니가 낳은 조카들과 나이 차가 그리 크지 않아 유치원이 없던 어린 시절을 같이 보냈다. 그래서 형부가 조카들을 가르치는 것을 우리도 슬쩍슬쩍 어깨너머 배웠다. 형부는 조카들에게 한글보다 천자문과 명심보감을 먼저 가르쳤고, 학문보다 인성과 예법을 더 중요하게 가르쳤다.

형부는 딸 같고 어린 동생 같은 우리가, 공부하기 위해 서울로 떠나자, 조카들 크는 이야기며, 우리 부모님 이야기며, 주변의 상황들을 멋진 필체로 자세하게 묘사하여 외롭지 않도록 편지를 보내주곤 했다. 때로는 글을 모르는 우리 부모님의 눈이 되기도 했고, 바쁠 땐 언니와 함께 약한 몸이지만 농사에 힘을 보탰다.

 하지만 이런 형부를 오빠는 늘 못 마땅해했다. 아파 누워있는 날이 많아 집안의 많은 부분이 동생의 손을 거쳐야 했기에, 예뻤던 여동생은 시부모의 시집살이에 어려운 농사일, 그리고 우리 집보다는 나았지만 어려운 살림을 일으키느라 다른 여자들처럼 예쁘게 꾸미는 모습을 본 적 없고, 늘 시간에 쫓겨 허덕이며 늙어가는 모습을 보니 미울 수밖에.
 그런데 어쩌랴! 본인도 어쩌지 못하는 약하디약한 몸을 가지고 태어난 것을….

 형부는 우리 집 이곳저곳을 둘러보며 농사 초보자인 나에게 농사일에 필요한 여러 가지 조언을 해 주었다. 이런저런 얘기 끝에 나는 요즘 글 쓰는 법을 배우고 있다 말했고, 형부는 잘했다며 당신은 시를 쓰고 싶다 했다. 그러면서 회룡골 골짜기의 다랑논 옆으로 흐르는 작은 개울 위에, 손수 지은 조그만 정자에 누워 쉬는 중에 시상이 떠올라 지어봤다며 짧은 글을 내게 보였다.

回龍小瀑琵琶音, 亭上取風自然煽
'회룡소폭비파음, 정상취풍자연선'
'회룡골의 작은 폭포는 비파에 소리요, 정자 위 스치는 바람은 자연의 부채더라'

시원한 바람이 부는 정자에 누워, 회룡골 골짜기를 흐르는 작은 폭포 물 떨어지는 소리에 시상이 떠올랐나 보다. 나는 언니가 보내온 사진 속 형부가 직접 지었다는 정자를 보고, 그곳에 누워 시를 쓰는 형부의 모습이 떠올라 웃음이 났다.

형부는 글쓰기를 배우는 나를 부러워하셨지만, 나는 형부가 부러웠다. 초등학교도 제대로 다니지 못한 칠십 중반을 넘은 나이임에도 불구하고 섬세한 눈과 귀를 갖고 계신 것이.

아마도 형부의 마음속엔 주변의 모든 상황이 멋진 시가 되어 떠다니지 않을까!

형부는 차에 오르다 뒤를 돌아보고 웃으며 지나가는 말처럼 한마디 하셨다.

"남에게 준 것만이 진짜 내 것인겨."

욕심 많은 나에게 진심으로 세상 살아가는 법을 알려주고 싶었던 형부의 따뜻한 마음이라는 것을, 난 대답을 안 했지만 이미 알고 있었다.

저녁 식탁엔, 형부가 가져온 두부와, 엄마가 늘 도시락 반찬으로 싸주었던 묵은 김장 김치를 들기름에 볶아 올렸다. 농사로 바쁜 와중에도 농사지은 콩으로 직접 만든 언니표 두부는, 예전에 엄마가 만들어 주던 엄마표 순두부 맛과 겹치며 그리움과 향수까지 곁들여 더욱 풍성한 저녁이 되었다.

이쁜 내 동생

어젯밤 여주에서 도자기 공장을 하는 여동생이 자매들 단톡방에 사진을 올렸다. 자기의 남편이 꽃송이가 작고 앙증맞은 노란 들국화 한 아름을 강둑에서 꺾어다 안겨줬다며 행복을 자랑했다.

동생은 결혼하기 전, 돌아가신 엄마가 점을 보니 '흙을 만지는 사람과 결혼을 해야 잘 산다더라' 했다. 말이 없고, 마음 착한 동생이 많이 걱정된 모양이다. 우리는 농사짓는 사람일 확률이 높다고 했는데, 도자기를 굽는 사람과 결혼을 했다. 흙을 만지는 사람이 맞긴 하다.

동생의 이름은 '화자'다. 꽃에 씨앗같이 귀중한 사람이 되라고 사촌 오빠가 지어주셨다. 내가 내 이름이 촌스러워 바꾼다 했더니 자기도 바꿀 거라며 한참 후에 우리 가족이 모인 자리에서 자기 이름을 '국화'로 바꾼다고 말해 우리는 동생이 지은 이름을 듣고 놀리듯 웃었었다.
 나는 유진으로 동생은 국화로, 하지만 우리 둘 다 이름을 바꾸지 못했다. 지금 생각해보니 동생이 자신의 이름을 자기와 어울리게 잘 지었던 것 같다.
 동생은⋯. '국화' 맞다. 그것도 꽃송이가 작고 예쁜 노란 들국화가.
 보기엔 꽃송이가 작아 빈약해 보일 수도 있지만 다른 국화보다도 유독 향이 강해 바람만 살짝 불어도 국화 향이 주위를 물들인다.
 동생에게도 향이 난다. 따뜻하고 편안하고 예쁜 향이 난다. 우리 형제들 모두 그 동생의 향기를 알고 있다. 옆에만 있어도 웃음이 나고 맘이 편해지고 따뜻해지는 귀한 향기.

 동생이 올린 사진 속 노란 국화를 본 순간 '화자네'하고 혼잣말을 했다. 제부가 알고 꺾어 온 걸까?
 아무리 힘들어도 살짝 웃음으로 처리하는, 직원들에게 쓴소리하는 것을 가장 어려워하는 그래서 차라리 자기가 더 많이 움직이는. 그런 내 동생 화자가 난 너무 이쁘다. 이 노란 들국화처럼 이쁘다. 이것저것 줘도 더 주고 싶고 또 주고 싶은 내 동생.

언제나 수줍음과 웃음으로 답하는 모습은 제부가 꺾어 온 노란 가을의 들국화를 닮았다. 그 사진을 보고 있자니 마음이 행복해서 혼자 웃는다.

엄마, 부엉이 울어

엄마! 오늘 밤에도 그날처럼 부엉이가 웁니다.

어릴 적 나는 부엉이 울음소리가 무서웠다. 깊은 두메산골, 내가 태어나고 자란 곳. 전기가 들어오지 않던 그 시절. 달이 없는 그믐밤이면 차라리 눈을 감는 것이 나을 만큼 칠흑 같은 어둠으로 아무것도 보이지 않았고, 달이라도 휘영청 뜨는 밤이면 초가집 주변을 빼곡히 채운 집보다 큰 나무들과 나무 틈 사이의 어둠은 살아 움직이듯 무섭게 그림자를 만들어 바람 따라 이리저리 몸을 비틀며 달려드는 듯했다. 어린 눈에 비친 밤은 무서운 존재였다.

산속 외딴집이지만 가을걷이가 한창인 어느 해, 몇 살인지 기억은 없다. 엄마는 가을걷이를 도와줄 일꾼들을 위해 새벽부터 꼬불꼬불 좁은 산길을 내려가, 하루에 두 번 다니는 버스를 타고 한 시간 반을 족히 넘게 걸리는 장에 가, 라면 한 박스를 사서 머리에 이고 오셨다. 엄마는 그것을 귀한 물건을 두는 천장 낮은 초가집의 실겅 위에 고이 올려놨다.

그 집은 6.25를 피해 숨어든 까막눈의 무학인 아버지가 나무를 세우고 흙을 발라 얼기설기 지은 흙벽 초가집이었다. 지금은 흔적조차 남지 않았지만, 보고 들은 것이 없는 그때의 어린 눈에는 그 집은 엄청 크고, 어느 곳보다 안전하고 따뜻한 곳이었다. 누렇게 바랜 짝 맞지 않는 종이가 여기저기 덧 발린 울퉁불퉁한 흙벽의 낮은 천장 가까운 곳엔 물건을 올려놓기 위해 설 다듬어 울퉁불퉁 제멋대로인 두 개의 긴 나무를 가로질러 선반처럼 만든 실겅이 있었다. 실겅 위에는 엿을 달이면 엿 단지가 올라가고, 꿀을 따면 꿀단지가 올라가고, 튀밥을 튀면 튀밥 자루가 올라가는, 어린 나이에도 맛있는 것은 모두 그곳으로 간다는 것을 알 수 있었다.
한 번도 본 적 없는 라면도 그곳에 한 자리를 차지했다.

군것질거리라곤 들에서 나오는 것이 전부라 마르고 키 작은 나였지만, 먹는 것에 눈치는 빤해서 그것이 맛있는 것이라는 걸 직감으로 알았다. 드디어 아무도 없는 틈을 타 오래되어 버석거리는 장롱 위에 올라선 나는 라면 한 개를 꺼냈다. 라면 봉지의 바스락거리는 소리는 생소한 먹거리가 생겼음을 알리는 민방위 훈련에나 들리는 사이렌 소리같이 귀에 박혔고, 얼굴엔 회심의 미소가 올랐다.

몰래 훔쳐 먹는 그 라면이 얼마나 맛있던지…
학교를 다녀와 부모님 도와드리는 시간을 빼고 나면 동생들과 들로 산으로 뛰어놀기에 바빴지만, 그 맛을 알고 난 뒤부턴 혼자만의 시간이 많아졌다. 라면 한 개를 꺼내 가슴에 품고 행여 누가 볼세라 빠르게 산등성이를 올라 아무도 보이지 않는 곳에 자리를 잡고 앉았다. 봉지를 뜯어 라면을 부수고 수프를 뿌려 행여나 부스러기 하나라도 흐릴까 조심조심하며 그 짭조름하고 고소한 라면의 맛에 흠뻑 빠져 있었다. 다 먹은 라면 봉지는 땅을 파고 아무도 모르게 묻어두는 완전 범죄도 잊지 않았다. 그렇게 라면이 모두 없어질 때까지 행복한 시간은 라면과 함께 살금살금 흐르고 있었다.

그런 행복한 시간은 오래 가지 못했다. 사람을 불러 일하던 어느 날 새참을 가지러 간 엄마는 한참이 지난 후에 점심에 먹었던 보리밥을 찬도 없이 내놓으며 "라면이 없어져서…."라고 일꾼들을 향해 말의 뒤끝을 흐리곤 불길을 내뿜는 눈으로 우리들을 죽 둘러보셨다. 그때부터 지옥의 시간이 찾아왔고, 어린 나이임에도 불구하고 '도망을 갈까! 난 아니라고 할까! 내가 먹었다고 할까!' 작은 머리로 수많은 장면을 만들고 지웠다.

그날 일은 늦게 끝났고, 늦은 밤 저녁 설거지를 끝낸 엄마는 밖으로 날 부르셨다. 그리곤 나 혼자만 남겨둔 채 말없이 방으로 들어가서 방문을 걸어 잠그셨다. 어떻게 아셨는지 궁금했지만, 묻지도 못하고 그날 밤 나는 방에서 쫓겨났다.

그믐이 갓 지난 약한 달빛 덕분에 어슴푸레 주변이 눈에 들어왔다. 집 앞의 키 큰 배나무와 감나무가 바람에 일렁일렁 춤을 추듯 흙 마당을 연신 비질을 해대며 슬금슬금 내게로 다가오는 듯했다. 산짐승인지 쥐새끼인지 뭔지 모르는 것들이 내는 부스럭대는 소리와 산속 빽빽한 나무들 사이를 지나는 스산한 바람 소리, 온갖 종류의 풀벌레들 울음소리와 밤에만 울어대는 이름 모를 새들의 무겁고 둔탁하고 으스스한 울음소리…

그중에 가장 날 무섭게 만든 건 부엉이 울음소리였다.

그 산엔 부엉이가 많았다. 밤이 되면 가끔 집 앞 감나무에 앉아 '부~부~' 울었다. 우리 집에 쥐가 많아서인지 잘 모르겠지만 부엉이가 울면 우리는 이불을 머리끝까지 끌어올리고 잠들 곤 했다.

쫓겨난 나는 마루가 없는 흙바닥인 봉당의 댓돌 위에 앉아 문 꼬리를 잡고 악을 쓰며 울었다.
"엄마! 부엉이 울어!"
"엄마! 부엉이 울어!" 하면서…
한 번도 직접 본 적이 없는 부엉인 쉴 새 없이 울어댔고, 난 어둠도 무섭고, 부엉이도 무서워 문 꼬리가 아버지 손인 양 꽉 움켜쥐고 문 꼬리에 매달리며 울었다. 방 안에선 아버지가 엄마를 달래는 소리가 들렸지만 문은 열리지 않았고, 난 오랜 시간을 댓돌 위에 앉아 어둠과 싸우며 울어야 했다. 내가 부엉이를 아주 무서워한다는 것을 아셨겠지만 괘씸한 생각이 부엉이를 이긴 듯했다. 시간이 흐르고 웃방 문이 슬며시 열리고 아버지가 나직이 불렀다. 그 날 밤 나는 토광 같은 웃방의 물건들 틈에 끼어 잠이 들었다. 흙벽 넘어 엄마의 한숨 소리를 들으며.

세월이 흘러 서울로 야간 고등학교에 간 나는 돈을 벌어 집에 갈 때면 라면을 샀다. 많이 샀다.

집에 가기 전에 편지를 부치면 아버지가 지게를 지고 버스가 오는 아랫마을로 마중을 오셨다. 새벽부터 버스를 몇 번 갈아타고, 아랫마을에 도착해 버스에서 내리면 늘 밤이었다. 그리운 집으로 향하는 그 길은, 이슬 내리는 밤길이기도 했고, 반딧불이 날리는 밤길이기도 했고, 눈이 내리거나 낙엽이 수북이 쌓인 밤길일 때도 있는… 한 사람이 다닐 정도의 그 좁고 어두운 산길을 말 없는 아버지 뒤를 따라 나 또한 말없이 밤길을 걸었다. 그날 실경 위에 얹힌 빈 라면 박스를 열면서 엄마는 심히 당황했을 것이고, 라면이 귀했던 그 시절 일꾼들에게 라면을 삶아 오겠다며 기분 좋게 말했다가, 다시 점심에 먹었던 보리밥 밥상 보를 제 낄 때 얼마나 낯부끄러우셨을지 한참 후에나 알게 되었다. 그런 엄마의 부끄럽던 손길이 잊혀질 만큼의 라면을 샀다.

  지금 우리 집 붙박이장 한편엔 라면이 종류별로, 용도별로 한가득 채워져 있다. 라면을 좋아하는 남편이 힘든 일 중에 골라 먹는 재미가 느껴지도록 잠시나마 기분 좋게 해주려는 나의 소소한 배려다. 난 이제 라면을 좋아하지 않는다. 어릴 적 몰래 훔쳐 먹던 라면에 고소함의 정체를 이제 다 알아서인지 아니면 나이가 들어서인지 구미가 당기지 않는다. 하지만 그때 산등성이에 앉아 산 아래를 굽어보며 회심 가득한 얼굴로 오도독오도독 씹히던 라면의 소리와 맛은 잊혀지지 않는다.

 오늘 밤에도 부엉이가 운다. 집 앞의 가까운 나무에 앉았는지 부~부~ 소리를 내며 존재를 알린다. 산도 깊지 않은데 여기까지 와서 울어주니 신기하고, 정겹고, 듣기 좋다. 이젠 무섭지 않다. 남편에게 부엉이가 가까이 있다 했더니 장독 위에 앉아 있는 것을 본 적도 있다 한다. 지금은 그 부엉이가 수리부엉이였다는 것도 알았고, 또 그들이 무서운 존재가 아닌 우리처럼 자연의 일부분으로 제 삶을 살아가고 있는 것일 뿐이라는 것도 안다.
 곧 추석이 다가온다. 두 분 모두 돌아가신 지 20년이 훌쩍 넘었고, 생전 모습은 기억이 가물가물하다. 하지만 이렇게 부엉이가 울거나 명절이 되면 마른 몸에 쪽 찐 머리를 했던 바지런한 엄마와 언제나 엄마 바라기였던 따뜻하고 조용하신 아버지가 몹시 그립다.

다른 몸 같은 꿈

 우리 아홉 남매의 유년 시절을 보듬고 키워낸 흔적을 지금도 보고 있다.
 늙은 호박을 반으로 잘라 엎어 놓은 듯한 지붕을 이고 있던 초가집은, 내 모습이 아이에서 처녀로, 엄마로, 이제 할머니가 된 시간의 흐름 속에서 서까래가 무너지고 구들이 무너지고 부뚜막이 무너지고 지붕이 주저앉았다. 어린 시절 뒤뜰에 드문드문 자라나던 대나무가 집터와 봉당 마당 뒷간 할 것 없이 여기가 집터라는 흔적을 모조리 지웠다. 남은 거라 곤 엄마가 심었던 하얀 사발 꽃이 굵은 나무로 자랐고, 그 옛날 아버지가 산으로부터 파이프를 묻어 끌어온 물 호스 끝에는 별이끼가 아이 주먹처럼 자라나 주인 떠난 오랜 세월 동안 누군가를 기다리는 애틋함이 이끼와 함께 자랐다.

부모님 산소가 초가집 터 뒤에 있어 우리 형제는 각자의 삶으로 지칠 땐 이곳을 찾곤 한다.

우린 그곳에서 서로 다른 몸으로 같은 꿈을 꾼다. 각자의 기억 속에 가장 행복했던 때를 떠올리며 그때와 같은 작은 오두막을 지었으면 한다. 예쁘지 않아도 상관없다. 작아도 상관없다. 창이 없어도 상관없다. 낡은 중고 컨테이너라도 상관없다. 마음이 하나같이 움직이는 우리는 서로 말 안 해도 무엇이 필요한지 알 것이다.

이불은 없어도 될 듯싶다. 만나면 잠을 자지 않을 거니까. 수저와 젓가락은 가족 수만큼 준비하고, 물은 아버지가 만들어 놓은 작품에서 받아쓰고, 울타리는 그 많은 대나무를 잘라 안이 훤히 보이도록 얼기설기 엮어 세우고, 마당 한쪽엔 예전처럼 양은솥단지를 걸어 분이 툭툭 터지는 감자와 찰진 옥수수를 찌고, 또 한쪽엔 아버지가 하시던 대로 젖은 쑥을 꺾어 모깃불을 피워, 우린 가진 거 없어도 다 가진 것 같은 행복한 시간을 만들 것이다.

모양 없는 꽃으로 피워낸 얘기꽃은 밤이 지나 동쪽 하늘에 샛별이 반짝여도 질 줄 모르고, 모깃불의 매캐한 향기와 말로 글로 표현 못 할 즐거움의 향기로 밤을 새운 우린 보리쌀에 감자를 넣어 밥을 짓고, 큰 양푼에 들기름과 고추장을 넣고 썩썩 비비며 사발 꽃보다 더 크고 환하게 웃음꽃을 피울 것이다. 세월 따라 변한 몸과 세월이 흘렀음에도 멈춰버린 시간 속에 신비한 비밀을 간직하고 있는 곳, 산 깊은 이곳에서 다른 몸으로 같은 꿈을 꾸는 자매들이 있다.

낙엽이 예쁘고 화려하게 물들기 시작한 가을날 오후. 높은 산이 병풍처럼 펼쳐진 산사에서 자매가 모였다. 자매들만의 2번째 여행이다. 늘 껌딱지처럼 남편들을 옆에 붙이고 모이다가, 처음으로 일 년에 두 번은 자매들끼리 여행해 보자는 의견이 나왔고, 모두 만장일치로 환영했다.

그래서 지난봄에 처음으로 자매들만 오롯이 모여 펜션을 얻고, 어려서 엄마가 해주던 감자옹심이를 만들고, 인절미를 만들고 산책을 하며 남편이라는 울타리에서 벗어난 1박2일의 짧은 여행을 즐거이 마쳤다.

그리고 이번이 두 번째다.
말하는 것보다 듣는 것을 더 좋아하는 우리는 나이에 상관없이 누가 말해도 토를 다는 사람이 없어 회의는 늘 일사천리로 끝을 맺는다. 첫 번째 여행을 잘 마치고 다음 여행엔 템플스테이를 해보자는 의견이 나왔을 때, 70이 넘은 큰언니나 50이 넘은 동생이나 모두 각자의 버킷리스트 중 하나였다고 말해 다른 몸에 같은 꿈을 꾸고 있었다는 사실에 놀라워하며 "우리 모두 엄마 새끼가 맞네" 하며 웃었다.

엄마 나이 14살, 만약 지금 이런 상황이라면 뉴스에나 나올법한 얘기지만 아무튼 그 나이에 10살이나 많은 남자에게 시집와서, 우리 아홉 남매를 낳아 병들어 죽는 놈 없이 길러낸다는 것이 쉬운 일은 아니었을 것이다. 즐거움보다는 괴롭고 힘든 일이 다반사였을 그때, 초라하고 힘없던 엄마는 집 옆 작은 암자의 공양주로부터 기도하는 법이며 이런저런 것을 배우는 모습을 어린 나는 대수롭지 않게 보았고, 엄마의 그런 모습엔 관심이 없었다.

우리 남매가 모두 자라 각자 살림이 나면서, 엄마는 새색시 때도 못 해봤던 신혼 같은 두 분만의 시간을 즐기게 됐지만, 몇 번의 암 투병으로 작고 왜소한 몸이 더 왜소해졌다.
엄마는 아픈 몸과 마음을 틈틈이 배워둔 기도와 불경과 절에 의지했고, 엄마 옆엔 언제나 장대같이 크고 우람한 아버지가 실과 바늘처럼 엄마의 손과 발이 되어 주었다.

엄마는 돌아가시기 전에 많은 시간을 절에서 보내며 절의 신도들을 위해 밥 짓고 설거지를 하셨고, 아버진 정원을 손보고 절 마당을 쓸며 엄마의 도우미를 자처했다.

그런 생활을 이어가던 엄마가 돌아가시고, 그로부터 얼마 안 있어 엄마의 그리움을 이기지 못한 아버지마저 돌아가시며 우린 눈과 마음에서 자연스레 절과 거리가 생기게 되었고, 절은 일 년에 한 번 석가탄신일에 밥 먹으러 가는 것이 전부가 되었다. 그러다 작은 암자인 절 옆 전원주택으로 이사를 오면서 한 번 두 번 절을 찾게 되었고, 몸에 향 내음이 배이듯 서서히 절에 젖어 들었다.

그런데 이상한 일인 즉 나 혼자만 그런 것은 아닌 듯했다. 어떤 인연인지 모두 비슷한 시기에 우리 자매는 불교와 크고 작은 인연을 맺으며 각자 조금씩 생전에 엄마와 아버지가 계셨던 곳으로 향해가고 있었다. 템플스테이라는 말이 오가며 돌아가신 부모님이 우리 자매에게 보이지 않는 향기로 늘 부르고 계셨고, 우린 이제야 그 향길 맡았다는 걸 알았다. 우리 자매 모두가 생에 한번은 템플 스테이를 꼭 해보고 싶다 꿈을 꾼 걸 보면.

전문적인 직업 없이 모두 크고 작은 사업가의 아내들로 살아온 우리 자매는 시계추가 쉴 새 없이 움직이듯 쉼 없이 바쁘게 살고 있다. 그래서 이번 여행의 테마를 "몸과 마음의 쉼"이라 정하고 지난 여행보다 하루 긴 2박 3일 동안 부모님이 절에 머물며 마음을 고요히 다스리려 하셨던 것처럼 짧으나마 우리도 각자 내면을 관찰해보자 했다.

목적이 쉼인 이번 여행엔 남편들도 같이해도 좋다고 해서 둘째와 넷째 형부도 함께했다. 같이 108배를 하고, 새벽 3시 반 예불도 참여하고, 법문을 듣고, 가부좌를 하고 1시간 동안 앉아 있어야 하는 참선을 견뎠다.

사찰은 꽤 컸다. 그곳에 살면서 봉사와 공부를 병행하는 사람들이 생각보다 많아 놀랐다. 가운데 주 건물을 빙 둘러 많은 선방이 지어졌고, 방마다 견성을 위함인지 쉼을 위함인지 알 수 없으나 공양 시간이 되면 머리를 깎지 않고 승복을 입은 사람들이 길게 줄을 서서 차례를 기다리고 있었다.

음식은 우리들의 입맛에 맞았다. 기름과 조미료를 쓰지 않고 그 채소들이 가지고 있는 고유한 맛을 그대로 살린 것같이 깔끔하고 간소했다. 하지만 많이 먹을 수 없었다. 움직임이 적으니 속이 불편해서 음식에 대한 욕심이 자연적 줄었다.

건물 한쪽의 커다란 돌엔 "이 뭣고"라고 새겨져 있다.

담당 스님께서 짧게 그 글의 의미를 설명하셨다.

행주좌와 어묵동정, 걷고 머물고 앉고 눕거나, 말하고 침묵하고 움직이고 고요할 때, 언제나 찰나 찰나 늘 깨어 있으므로 그때그때 일어나는 생각이나 감정이나 감각을 알아차리며 '일어나는 것을 알고 있는 이것이 무엇인가? 하고 계속 되묻기를 하라'고 난 알아들었다.

그렇다. 나이만 먹었지 자라면서 들은 적도 배운 적도 없어서 난 너무 쉽게 나를 잃어버리고 생각과 감정과 감각에 휩싸인다. 순간에 깨어있지 못하고 늘 생각 속에 머문다. 그 생각 속이 더 안전하고 편안하다고 느낀다. 태어나면서부터 생각하며 살기를 강요받아서일 수도 있고, 또 그렇게 살아야 잘살고 있다고 스스로 타이르기도 했다.

산사 뒤쪽의 작은 산길을 걸으며 순간순간 들리는 소리를 알아차려 보고, 음식을 먹으며 냄새와 맛을 생각 없이 알아차려 보고, 대화 중에도 의미를 두지 않고 보이고 들리고 감각 되어지는 것을 아는 이것이 무엇인지 되묻기를 연습했다. 많이 물었지만, 답은 모른다. 그냥 그것들을 알아차리는 그것이 진짜 내가 아닐까? 하고 속으로 답을 내보았다.

마지막 날 밤에 들은 큰스님의 법문 중에 '평상심이 도'

라고 한 말을 듣고 우리는 한 방에 모여 그 법문에 대한 이야기를 나누었다. 법에 대해 배움이 짧은 우리가 이해하기엔 다소 어려웠지만, 그래도 한자를 많이 아는 형부가 하나씩 설명하시며 결론을 내보았다.

밖에서 보이고 들리는 것에 너무 흔들리지 않는 편안하고 고요한 마음을 유지하며, 그 마음이 일상이 되도록, 평정심이 평상심이 되도록 하자고…. 쉽지 않겠지만 모두 그렇게 살아보자며 서로 살아온 나이대가 다른 우리들이지만 처음 걸음마를 하는 마음으로 서로를 다독였다.

이렇게 다른 몸에 같은 꿈을 꾼 자매들의 버킷리스트 중 하나가 이루어졌고, 각자 어떤 것을 맘에 품었는지는 모르겠지만 모두 의미 있는 시간이었음은 말할 나위 없다.

내년 봄엔 한라산 백록담을 가자며 헤어졌다. 이제 연세들이 있어 쉽진 않겠지만 그래도 죽기 전에 한번은 가 봐야 하지 않겠냐며 모두 단칼에 오케이를 했다. 이루어질지는 모르지만, 그 꿈은 모두를 행복하게 만들었다.

집에 돌아와 남편과 자식을 보니 습관적으로 깨어있음을 잊는다. 머리를 깎고 절로 들어가야 하나? 이런 생각을 하는 이것이 무엇인가? 남편을 보니 행복하다 느끼는 이것이 무엇인가?

….
배운 화두를 며칠만이라도 잊지 않길 속으로 바랐다.

송년회

 요즘 날씨가 미친 것 같다. 겨울이란 말이 무색하게 사나흘 동남아에 와 있는 듯 습기를 잔뜩 머금고 있더니, 갈 곳 잃은 그 습기는 결국 비가 되어 한여름 장맛비처럼 하루 종일 줄기차게 내렸다. 그런데 갑자기 오늘은 함박눈을 뿌려대며 온도를 영하로 뚝 떨어뜨리곤, 코끝 시린 찬 바람은 눈보라가 되어 잘못도 없이 열심히 일하는 내 얼굴을 사정없이 후려치며 어디론가 바쁘게 사라진다. 이런 변덕쟁이 날씨에 시비라도 걸었다간 감기 바이러스를 옴팡 뒤집어쓰기 딱 좋다.

 모든 것이 꽁꽁 언 새벽 다섯 시 반, 취업한 지 2년이 채

안 된 둘째 아들이 출근하려고 분주하다. 일요일임에도 불구하고 아파트 공사 현장으로 출근하는 모습을 바라보며, 내복이라도 입고 가라고 소리쳤지만, 젊은데 이 정도쯤이야 하며 그냥 작업복 하나만 달랑 입고 출근을 했다. 그 모습을 보니 추위보다 젊음이 한 수 위인 듯했고, 이제 점점 젊은이들에게 자리를 양보할 나이가 되어간다는 생각이 들었다.

나도 그 나이 땐 추위라는 것에 민감하지 않았는데, 추위가 무서워진 지금은 아들의 손을 끌고 들어와 따뜻한 침대 속으로 밀어 넣고 푹 재우고 싶었다.

아들을 보낸 후, 점심엔 친정 형제들 모임이 있는 날이다. 형제가 많으니 모두 한자리에 모이긴 쉽지 않다. 그래도 큰오빠의 문자 한마디에 한 명이 빠지고 모두 모였다.

50대가 다섯, 80대가 하나, 70대가 셋, 나머진 모두 60대다. 모두 세월의 흔적을 얼굴이며 머리며 몸뚱이에 뒤집어쓰고 있지만, 나이와 성별에 상관없이 만나면 반가움에 달려가 서로 안아주게 되고, 차가운 날씨와는 반대로 모두의 품속은 봄볕처럼 따뜻했다.

이제 모두 나이도 있고, 사람도 한둘이 아니다 보니 식당과 찻집을 여기저기 옮기는 것도 불편해서 늘 큰오빠의 식당에 모이게 되고, 그곳에서 차담도 이어진다.

늘 하던 대로 오빠는 지난 1년 동안 있었던 일이나 현재 상황을 듣고 싶다 운을 뗐고, 우린 막내부터 80이 넘은 형부까지 모두 한 사람씩 돌아가며 본인의 삶을 이야기했다.

"어느 날 문득 거울을 보니 내 얼굴이 무척 어두운 것을 발견하고 요즘 밝게 웃는 연습을 하고 있습니다. 내년 만날 때는 밝은 얼굴이 되도록 노력하겠습니다." 아홉째인 막둥이 남동생 와이프다.

여덟째인 여동생 화자는 저녁마다 '감사합니다'라는 말을 노트에 쓰고 있는데 쓰다 보니 감사한 일이 자꾸 생기는 것 같다며 그런 감사할 일을 많이 만들며 살 거라 했고, 모임이 있을 때마다 사회자 역할을 전담하다시피 하는 그녀의 남편인 제부는 늘 잊지 않고 이런 자리를 마련해준 것에 대한 감사를 멋진 멘트와 더불어 전했다.

형제 중 일곱째인 나는 진짜 나를 찾아가는 과정과 그로 인해 얻어지는 것들에 대해 이야기했고, 남편은 새벽마다 침대 속에서 나누는 일상의 이야기로 하루를 시작하고, 그로 인해 서로를 돌아보게 된다고 했다.
"저는 요즘 너무 행복합니다. 아침에 눈을 떠서 세상을 보는 것이 감사하고, 출근할 곳이 있어서 행복하고, 남편과 같이 수저를 들 수 있어서 행복하고….” 소소한 일상에 대한 행복과 감사함으로 하루하루를 살아간다고 이야기한 몸이 약한 여섯째 언니와, 큰 욕심을 부리지 않고 작은 것에서 행복을 찾으며 살고 있다는 그녀의 남편 이야기.

오늘 요렇게 예쁜 모자를 썼으니, 본인을 오드리 헵번이라 불러 달라며 하얀 백발에 흰 피부를 가진 언니는, 부부가 같이 세차장을 하며 남편이 고압력 세차 소리로 인해 생긴 직업병인 청력을 잃어가면서 겪게 되는 여러 가지 어려운 상황을 차분히 얘기했다. 자기 몸보다 남편의 힘든 상황을 맘 아파하며 그런 남편을 좀 더 사랑하는 눈으로 바라보겠노라는 우리 집의 다섯째 언니와 그런 언니에게 자기 몸만 생각하고 언니의 힘듦을 알아주지 못하고, 자상하게 대해주지 못함을 미안해하는 형부의 이야기를 들었다.

배운 거라곤 땅 파는 게 전부라 농사를 천직으로 여기며 살고 있고, 몇 년 전부터 매해 죽을 것을 예약하며 사는 10년 차이 나는 남편과 죽을 때까지 지금처럼 살 거라는 넷째 언니와, 하루를 더 살수록 자연과 주변 분들을 힘들게 할 뿐이라며 다음 해엔 꼭 죽을 것이고, 죽기 전에 가진 것은 모두 나누고 살 거라며 내년 처갓집 여행비로 농사를 짓는 사람에게 배당된 직불금 백만 원을 예약한다는 그녀의 남편. 본인은 죽음에 대해 진심인지 모르겠지만 우리 가족 누구도 그가 예약한 죽음을 진실로 듣는 사람이 없다

 느지막이 식당을 경영하기 시작해서 부인을 식당으로 내몬 작은 오빠는 늦은 나이에 처음으로 아내를 위해 밥을 하고, 청소하고, 빨래하며 아내가 하던 일을 함으로써 새삼 아내의 소중함을 느끼는 해였으며, 탄탄한 주춧돌처럼 형제들의 이모저모를 떠받치고 있는 형이 있어 얼마나 든든한지 모르겠다는 셋째 오빠.

 이리저리 바쁜 남편의 뒤를 살피고, 식당을 운영하는 남편의 칠순을 그냥 보낸 것에 대한 서운함을 말하며 남에게 민폐가 되지 않도록 스스로 건강을 잘 지키며 살자는 우리 집의 큰며느리인 올케언니와, 올해도 이혼한 사람 없고 사별한 사람 없이 모두 짝 맞춰 와준 것에 대해 감사함을 전한 우리 집의 둘째이며 장남인 큰오빠. 내년엔 럭셔리 여행을 준비하겠노라며 모두 같이할 수 있도록 건강 잘 지키라 당부도 잊지 않았다.
 그리고 마지막으로 말을 이어가는 친정에서 가장 높은

서열인 큰 언니는 올해 형부의 잦은 병원 생활로 '혼자될까 두려웠다'며 남편의 소중함을 말했고, 형부는 스티비 원더라는 장님인 흑인 가수 어머니의 삶을 이야기를 하며 세상의 모든 어머니의 그런 강한 희생과 사랑 덕분에 우리가 삶을 이어나갈 수 있었으며, 삶이 허락한 날까지 자신의 삶을 소중하게 잘 만들어 가자고 마무리했다.

이렇게 친정 가족의 송년회는 끝이 나고, 모두 넷째 언니가 농사지은 보따리를 한 아름씩 안고 돌아가며 내년에도 이와 같기를 기약했다.

집으로 돌아와 보따리를 풀어보니 농사지은 쥐눈이콩으로 만든 청국장 가루, 올해 처음 지어봤다는 노란 강황 가루, 산에서 캐고 말린 둥굴레, 금방 캔 듯 흙이 잔뜩 묻은 도라지가 한 봉지, 아직 쿰쿰한 냄새가 가시지 않은 은행이 들어있다.

그길로 마트로 달려가 닭을 두 마리 사서 언니가 준 도라지 한주먹에 은행을 까 넣어 백숙을 하고, 새콤달콤 도라지무침을 하고, 강황을 넣은 샛노란 밥을 해서 추위에 떨고 퇴근한 아들과 오늘 하루 일하기를 포기한 채 나를 따라와 준 남편의 입속으로 넣어주었다.

특별한 한 해가 될 것 같이 시작했던 올해가 그냥 이렇게 평범한 모습으로 끝나가고 있었다.

2부

닭장을 나온 닭

끈

나에게 끈이 있다.
누구의 눈에도 보이지 않는 끈.
내 눈조차 볼 수 없는 끈.
그 모양 없는 끈을 내 마음이 잡고 놓지 못한다. 누가 알까 두렵고, 아무도 모를까 두렵다.

내가 이번 생에 꼭 해보고 싶은 일.
기회가 되면 죽기 전 꼭 한번 해보고 싶은 일.
바로 출가다. 모든 집착에서 벗어나 진정한 자유를 찾아 길을 떠나보고 싶다.

몇 살 때인지 기억은 잊었다. 어렸다.

산 넘고 물 건너 버스가 들어오는 아랫마을에서도 한참을 걸어야 도착하는 산속 오두막 초가집에 9남매를 키우는 순박한 농부의 7번째 딸로 태어난 나.

우리 집 옆엔 스님도 안 계신 작은 암자가 있었고, 그곳엔 늙은 보살님 한 분이 작은 절을 지키며 시간 날 때마다 집에 들러 엄마에게 불교에 대해 가르치셨다. 그 보살에겐 딸이 한 명 있다고 들었다.

어느 날 검은 치마에 하얀 저고리를 입은 얼굴이 하얀 여자가 레이스가 잔뜩 달린 샛노란 원피스를 사서 엄마를 찾아와 이런저런 이야기를 하고 돌아갔다. 여자가 돌아가고 며칠 뒤, 많은 자식 배곯일까 늘 전전긍긍 일에 파묻혀 목욕 한번 시켜주지 않던 엄마가 웬일인지 목욕도 시켜주고 머리도 감겨 주었다.

다음날 그 노란 원피스는 내 차지가 되었고, 나는 그 원피스를 입고 하얀 저고리에 검은 치마를 입고 우리 집에 왔던 그 여자의 양딸이 되고자 그 여자가 있는 서울의 원불교에 가게 된 것이다. 그때는 그곳이 원불교 법당인지 어딘지 알 수 없었지만 벽 한쪽에 커다란 둥근 원이 있었고, 그곳에서 어느 늙은 할머니가 노래를 시켰고, 난 최대한 예쁘게 보이기 위해 다소곳이 손을 배꼽 아래 모으고 머리를 까딱이며 노래를 불렀던 기억이 난다. 하지만 큰오빠의 반대로 며칠 있지 못하고 다시 코흘리개 산골 아이로 돌아오고 말았다.

그 일 때문인지 아니면 작은 암자를 지키는 늙은 보살님의 딸인 원불교 정녀였던 그 여자의 고요하고 정숙한 뭔지 모를 느낌 때문이었는지 내 안에선 늘 나도 그런 여자처럼 살아야겠다고 다짐하고 있었다.

고등학교를 졸업한 뒤에는 성당에 다니며 독실한 크리스천이 되어 누군가에게 도움이 되는 삶을 살길 원했고, 그래서 수녀가 되고자 한동안 애를 태웠다. 그런데 그 성당의 수녀님은 내가 못 할 줄 미리 알았던 것 같다. 그 수녀님은 내가 대학에 가서 공부를 좀 더 하다 보면 맘이 바뀔 것이고, 대학을 졸업하고도 바뀌지 않으면 그때 해도 늦지 않는다 말했다.

수녀님 말대로 난 방통대긴 하지만 대학에 들어갔다. 하지만 인연이 그쪽이 아니었는지 대학에 들어간 지 얼마 안 되어 남편을 만나 결혼을 하고 아이를 낳고 평범하게 살다 늦은 나이에 불교라는 종교를 접하며 지금은 출가를 꿈꾼다.

지난 친정 가족들 모임이 있어 갔다가 돌아가신 이모의 딸이 스님이 되었고, 지금은 월정사에 있다는 말을 큰오빠를 통해 들었다.

그 이모 딸에 관한 이야기는 내 아이들이 어렸을 때 한 번 들은 적이 있긴 하다. 아이가 둘 있고, 이혼을 했고, 아이 둘을 데리고 스님이 되는 길을 떠났다는….

난 그때 비웃었다.

'아무리 내가 하고 싶어도 애들이 먼저지' 하면서.

하지만 지금 보니 얼마나 삶의 의미를 찾고자 했으면 이혼까지 하면서 어린아이들을 데리고 수행 길에 올랐을까! 하는 용기에 두 손이 모아지고 고개가 숙여진다.

올케언니의 수고로 스님과 어렵게 통화를 하게 됐다.

"스님!"

부르기만 했는데 가슴이 먹먹하다. 하지만 뭐라 할 말이 없다. 무슨 말을 해야 하나. 많은 궁금함이 생각 속에 있었지만 말이 되어 나오기엔 시간이 부족하다. 스님이 뭐라 말했지만 잘 들리지 않았고, 한번 시간 내서 봉하로 내려오라는 말만 들었다. 내가 자매들 시간 맞춰서 같이 가겠다 했더니 스님은

"혼자라도 당장 내려온다는 말을 안 하는 거 보니 아직 살만한가 보네" 하며 웃었다.

그렇다. 난 아직 삶이 주는 고락과 작별하기 싫은 모양이다. 다급하면 모두 버리고 당장 내려갈 텐데….

 이렇게 어려서 의도치 않게 잡았던 그 끈을, 색깔을 바꿔가며 지금껏 잡고 있다.
 그런데 이 끈을 나 스스로 놓을까 두렵고, 붙잡고 평생 갈까 두렵다.
 아주 가끔,
 '내가 그 원불교 정녀의 양딸로 되었더라면 내 삶이 지금과는 많이 달라졌을까?'
 생각해 보곤 한다.

열정

저녁상을 물린 후 남편이 잠든 걸 확인하고, 따뜻한 물 한 잔을 들고 2층으로 올라갔다.

시골로 이사를 가자고 남편이 제안했을 때, 나는 나만의 운동 방을 만들어 주면 가겠다고 했다. 언제나 바지런한 남편은 아파트보다는 시골 삶이 본인에게 더 어울린다고 생각했나 보다. 뭔가 계속 몸을 움직일 거릴 찾을 수 있어서일 것이다. 3년에 걸쳐 집이 완성됐고, 2층엔 나만의 공간이 생겼다. 꽤 넓은 방 한쪽 벽에 길게 거울을 붙이고 바닥에 매트를 몇 개 깔았다. 조명과 커튼을 다니 꽤 깔끔한 요가원의 모양을 갖췄다. 이곳에서 지인들과 같이 요가를 할 요량이었다.

따뜻한 물 한 잔을 마시고 매트에 앉았다. 양발을 반대쪽 허벅지에 올려 가부좌를 한 후, 양손을 무릎 위에 가지런히 올리고, 등을 반듯하게 펴서 정수리에서 꼬리뼈까지 일직선이 되도록 만든다. 살며시 눈을 감은 후 숨을 깊게 들이쉬고 길게 내쉰다. 들이쉬고 내쉬기를 반복하며, 코 끝으로 들고나는 미세한 호흡을 관찰한다. 부드럽고 급하지 않게!

 마흔쯤엔 몸도 맘도 많이 힘들었다.
 남편과 같이 시작한 사업이 내 성격과 맞지 않아 힘에 부쳤고, 열정 넘치는 남편을 따라가기엔 너무 버겁고, 아이들은 어리고, 모든 생활이 스트레스다 보니 몸엔 병이 찾아왔다. 몸도 맘도 쉴 곳이 필요했고, 그래서 찾은 곳이 요가원이었다. 처음엔 쉬기 위해, 다음엔 스트레칭하기 위해, 다음엔 동작의 완성을 꿈꾸며, 의외로 요가는 말이 없는 내 성격과 잘 맞았다. 그래서 다음엔 자격증에 도전했다. 고등학교도 제대로 나오지 않고, 소심한 내가 과연 할 수 있을까? 인도철학과 인체에 대한 전반적인 부분부터 티칭까지. 오랜만에 하는 공부가 내겐 너무 어려웠다. 하지만 해보고 싶은 욕구에 밤과 낮을 가리지 않고 틈만 나면 동작을 익히고, 티칭을 연습하고, 필기 공부를 하고, 무슨 뜻인지도 모르는 인도어로 된 단어를 죽어라 외우고 또 외웠다.

 시험은 1박 2일로 치러졌고, 늘씬하고 젊고 예쁜 수험생들 속에 난 너무 나이도 많고, 몸도 울퉁불퉁 주눅이 들었지만, 최선을 다했다. 필기도 동작도 티칭도 난 내가 배운 대로 다 해냈고, 며칠 후 합격증이 주어졌다. 그 한 장의 합격증은 내 삶의 많은 부분을 바꾸어 놓기 충분했다. 원생들 앞에서 실습을 하며 난생처음 선생님 소리를 들었고, 젊은 선생님들이 자리를 잡아나가는 것을 보며 난 다문화 사람들에게 재능기부도 하고, 주말이면 매트를 둘러매고 강의를 들으러 다녔고, 세계 요가인의 날 행사에도 참여하며, 요가에 푹 빠져 힘든 줄 모르게 천천히 나를 찾아가고 있었다. 요가와 함께하며 많이 밝아지고, 몸도 맘도 치유되고 있음을 나 스스로 느낄 수 있었다.

 호흡을 깊게 하다 보면 몸도 맘도 생각도 차분히 가라앉는다. 이제 아사나(동작)를 해도 무방하다.
 요가는 종교, 철학, 윤리 등을 포함한 해탈을 위한 수행을 말한다. 금계, 권계, 동작, 호흡, 제감, 응념, 정려, 삼매 그중 우리는 요가의 3번째 단계인 동작만을 운동 목적으로 발달시켜서 '요가'라 부르지만, 요가의 원 목적은 '고통과 번민으로부터의 해탈'을 위함에 있다. 멋지기도 하고 신기하기도 한 여러 동작은 호흡보다도 아래고, 감각제어보다도 아래에 있다. 진정한 요가인이라면 세상 모든 사람이 지켜야 할 금하는 것과 권하는 것을 넘어, 동작과 함께 호흡이 깊어지고, 감각이 통제되고 제어되어 몸과 마음이 준비된 상태에서 명상에 들어야 한다. 멋진 아사나만을 완성으로 끝나는 것이 아니라 아사나를 시작으로 명상에 들어야 진정한 요가인이라 말한다.

 들이마시는 호흡에 준비를, 내쉬는 호흡에 동작을, 천천히 온몸의 근육을 풀고 당기고 비틀고 조인다, 호흡이 깊어질수록 근육이 이완되며 동작이 부드럽게 이어진다. 온 정신을 호흡에 맞춰 동작 속에 나타나는 감각에 집중한다. 점점 호흡은 깊어지고 땀이 흐른다. 수련의 끝자락이다. 무릎을 꿇고 팔꿈치를 바닥에 대고 손가락은 깍지를 껴서 삼각형을 만들어 가운데에 정수리를 댄 후, 엉덩이를 천장으로 들어 올린다. 척추를 펴고 한발 한발 정수리 쪽으로 걸어오다 보면 다리가 들리는 순간이 온다. 그곳이 정점이다. 팔과 목, 배와 척추에 힘을 주고 두발을 천천히 하늘로 들어 올린다. 동작 완성!
 '시르사 아사나' 요가의 '왕'이다. 이 동작의 완성을 위해 넘어질지 모른다는 두려움과 과연 내가 할 수 있을까! 하는 내 안의 나와 많이도 싸웠다. 반듯하게 거꾸로 균형을 잡을 때까지 이 두려움을 편안함으로 바꾸는 연습을 수없이 했다. 연습이 몸에 뱀으로서 연습이 주는 자신감으로 웅크린 어깨를 활짝 펼 수 있었다.

물구나무를 서서 완벽하게 균형을 잡는다는 것이 여기서도 중요하지만, 삶에서도 너무 중요하다. 어느 한 쪽으로 치우치면 몸과 마음에 고민과 고통도 어쩔 수 없이 함께 떠안아야 한다. 선과 악, 좋고 싫음, 많고 적음, 뚱뚱함과 날씬함, 잘하고 못함….

예전에, 힘에 부쳤던 삶은 균형을 제대로 잡지 못했고 한쪽으로 자꾸 치우치다 보니, 나름 균형을 잡아보려고 노력하는 중에 생긴 고통인 듯싶다.

거꾸로 서면 난 아무런 생각을 안 한다. 3분 5분 10분…. 시간이 갈수록 편안해진다. 그 편안함 속에서 나 자신을 본다. 동작의 완성을 넘어 자신을 성찰하게 만드는 이 시간. 나이가 들수록 필요하단 생각이 든다. 난 지금 열정으로 활짝 핀 꽃이 서서히 씨앗으로 변해가는 중이다.

목소리 값

 친한 지인이 노래방을 가자고 톡이 왔다. 노래방을 가본 지가 너무 오래되니 딱히 생각이 없어서 가고 싶지 않다고 문자를 보냈다. 그 사람도 나름대로 생각해서 보낸 문자일 텐데 단박에 거절하고 나니 좀 미안한 생각이 들었지만 내 안에 흥이 없다는 것을 너무 잘 아는 까닭에 어쩔 수 없었다. 춤추고 노래하는 자체가 스트레스로 여겨짐은 어찌 된 일인지 나도 모르겠다. 내게 주어진 일들은 열심히 잘 한다고 여겨지는데, 술과 웃고 떠드는 일은 연습해도 늘지 않는다. 어떨 땐 스스로 주눅이 들어 야속한 느낌마저 들 때도 있긴 하다.

한참 전, 갑상선에 문제가 생겼고, 모두 절제하는 과정에서 6개월간 소리를 낼 수가 없었던 때가 있었다. 시간이 지나자 서서히 소리가 나오긴 했지만, 높은음은 여전히 낼 수 없게 돼 버렸다. 절제 도중에 소리를 내는 근육에 손상이 온 듯했다.

제일 답답한 것은 노래를 부를 수가 없다는 것. 유행가는 잘 몰라도 노랫말이 예쁜 동요는 곧잘 부르곤 했는데….
그래서 노래와는 담을 쌓았다.
어쩌다 남편과 언쟁이 있거나 아이들의 잘못을 꾸중할 때도 높은 소리를 낼 수가 없거니와 목소리가 좀 커지면 금방 쉬어버리는 통에 어쩔 수 없이 입을 닫을 때가 많았다.

내가 전생에 요 입으로 다른 사람 맘을 많이 아프게 했었나 보다. 그렇게 여기고 그냥 받아들이니 사는 데는 별문제가 되진 않았다. 그래서 되도록 말을 많이 하지 않고 듣는 것을 위주로 삶의 방향을 틀었다. 그랬더니 신기하게도 사는 것이 훨씬 편해졌다. 말이 많을 땐 생각 없이 분위기에 들떠 나도 모르게 뱉은 말에 책임을 져야 한다는 부담 때문에 힘들었고, 행여 남에 맘을 상하게 한 적이 없었는지 후회할 때가 많았는데, 말을 줄이고 듣다 보니 상대방의 맘을 이해하게 되고, 걱정거리가 확 줄었다.

남편과의 말다툼도 손이 마주치니까 소리가 나는 것인데, 내가 목소리를 아끼니 점차 다툴 일이 사라졌고 아이들에게 하던 잔소리를 멈추어도 삶은 여전히 잘 살아지고 있었다. 각자 자기의 일을 실수와 실패와 함께 배워가며 잘 해내고 있었다. 노파심으로 인한 잔소리는 모두에게 아무런 도움이 되지 않는다는 걸 목소리가 깨우쳐 준 셈이다. 역시 서로 마음이 맞지 않을 땐 미소와 침묵과 시간이 훌륭한 대변인이다

너무 늦은 감이 없진 않지만, 지금이라도 깨달은 것이 참 다행이다. 내 아이들에게 '잘했어!'보다는 남의 시선을 의식하며 '하면 안 돼!'라는 말을 더 많이 하며 살았던 것이 미안할 뿐이다. 나 또한 남에게 피해를 주지 않는 것이면 뭐든 해보며 살아도 괜찮았을 텐데….

이제야 다시 말을 배우듯 아이들과 남편에게 낮은 소리로 말한다.

잘했어. 멋져. 훌륭해, 그 정도면 충분해. 괜찮아, 미안해, 고마워, 사랑해…….

꾀꼬리 소리는 잃었어도 목소리 값으로 이 정도면 충분히 괜찮은 장사 아닌가!

아기

　아기가 꽃을 꺾는다.
　오랜 가뭄으로 흙먼지가 풀풀 날리는 완성 안 된 작은 수목원엔 더위와 메마름을 뚫고 우리가 심은 꽃들과 함께 풀들도 같이 자랐다.
　여기저기 미처 뽑아내지 못한 여러 종류의 잡초와 작은 계란 모양의 망초도 꽃망울을 활짝 열었다. 남편은 포클레인으로 흙을 고르고, 나와 아들 그리고 아기는 돌을 나른다. 낮에는 덥고 남편도 출근해야 해서 새벽부터 일을 시작한다.
　새벽에 만나선 어제 헤어지고 난 후의 안부를 묻다가 점점 더워지고 힘들어지면 말수가 줄어든다. 서로 말없이 돌을 나르다 돌아보니 아기가 꽃을 꺾는다. 망초꽃을 뚝뚝 끊어 다발을 만들고, 줄기 껍질을 벗겨 끈처럼 묶어서 꽃다발을 만든다. 남편과 난 저 꽃의 주인공이 아들 일 거라 확신하며 마주 보고 웃었다.

그런데 아기가 꽃다발을 뒤에 감추고 슬금슬금 내게로 와서 "어머니 선물"하며 긴 팔을 쑥 내민다.

"요 강아지풀은 데코레이션이에요."

하며 한 가닥 삐죽 튀어나온 강아지풀을 가리키며 배시시 웃었다.

땀과 먼지로 얼룩진 내 얼굴은 감추려 해도 올라가는 입꼬리를 어찌할 수 없었다.

일이 끝나고 집으로 돌아와 다 시들어 모가지가 꺾인 망초꽃을 꽃병이 따로 없는 관계로 남편이 마시다 만 소주를 버리고, 소주병에 꽂아 식탁 위에 올렸다. 한참 설거지하다 돌아보니 신기하게 꽃들이 고개를 꼿꼿이 쳐들었다. 혼자 식탁에 앉아 물끄러미 보고 있자니 참 이쁘다.

이렇게 이쁜 것을…. 좀 일찍 봐줄걸. 너무 흔해서 그럴 거라 생각했다. 뭐든 흔한 건 관심이 없으니까.

사진 한 컷을 찍어 프로필 사진을 만들었다. 검은 식탁과 빨간 타일과 창밖의 풍경이 어우러져 꽃이 돋보인다는 생각이 들었다.

눈은 꽃에, 맘은 아기의 이쁜 행동에 있다.

이틀 전, 남편이 커피숍 울타리의 꽃을 뽑아 수목원으로 옮겨 심으라 이르고 출근을 했다.
아기와 둘이 각자 좋아하는 꽃을 뽑기로 했다. 난 가을 즈음에 무더기로 피면 예쁠 것 같아 구절초를 뽑았다. 그러다 슬쩍 돌아보니 아기는 망초를 뽑고 있다. 키가 큰 꽃대가 부러질까 조심하며…….

뽑은 꽃을 차에 싣고 오면서 예전에 돌아가신 엄마가 들려준 망초꽃에 대한 이야기를 아기에게 들려줬다.
그 내용은 이렇다.
'나라가 일본에 넘어가던 해에 그 꽃이 너무 많이 피어 망할 때 피는 꽃이라 해서 '망초'라 부른다고 하더라. 그런데 먹을 것이 귀한 시절이 오고, 배고픔을 달래는 방법으로 그 망초 순을 뜯어 끼니를 때우니, 먹을 것이 풍년이라 '풍년초'라고 이름이 바뀌었다더라'라고. 사실인지 확실하진 않았지만, 엄마가 한 말은 진짜라고 항상 생각하기 때문에 난 엄마가 한 말을 그대로 아기에게 옮겼다.

우린 울타리 주위에 망초와 구절초를 심었다.
"어머니 이 망초꽃 진짜 이쁘지 않아요? 진짜 작은 계란 같아요."

"그래, 망초는 너 닮아 키가 크고, 구절초는 날 닮아 키가 작다."

우린 남편에게 꽃 심는 법을 배운 대로 따라서 심으며, 웃고 떠들고 재미있게 심었다.

다음 날 아침, 남편이 어제 심은 꽃을 보며 소리를 지른다. 누가 망초를 심었느냐며 당장 뽑으라 한다. 내가 아기 뒤에서 조용히 하라고 손짓 발짓 신호를 보내도 모른다.

그러자 가만히 듣고 있던 아기가 애교 섞인 말로 한마디 한다.

"아버님, 이건 망초가 아니라 풍년초예요. 아마 우리 수목원 풍년 들 거예요." 말하곤 뒤돌아 나를 봤다. 나는 엄지척을 해줬다.

아무튼 아직 키 큰 망초는 키 작은 구절초 옆에서 잘 버티고 있고, 자기 본업인 꽃망울을 잘 피워내고 있다.

그들의 밥그릇

 모과나무 밑 의자에 앉아 차를 마시는데 개집 쪽에서 쫄쫄거리며 아주 작은 생쥐 한 마리가 길을 잃었는지 어두운 구멍을 찾아 내가 앉아있는 곳을 지나 반대편으로 사라진다. 아직 어린 생쥐가 짧은 발로 작은 몸을 뒤뚱거리며 최대한 빠르게 갈 곳을 찾는 모습을 보니 신기하기도 하고, 귀엽기도 해서 저쪽으로 모습을 감출 때까지 눈을 떼지 못했다.

 운동을 마치고 온 남편에게 애기 생쥐를 옆에서 봤다고 말하니 잡아 죽이지 않고 보기만 했다고 짜증을 낸다. 난 잡아야 한다는 생각은 눈곱만큼도 못 했는데….

남편이 전화를 건다. 고양이를 분양받겠다고. 하지만 밖에서 키울 수 있는 고양이는 쉽게 분양받을 수 없었는지 길고양이를 잡아 와야겠단다. 쥐를 잡도록 말이다.

며칠 뒤 남편은 길고양이를 잡아 길들일 양으로 고양이 사료를 한 포대 사 왔다. 하얀 사기그릇을 어디서 구했는지 사료를 한 그릇 펴서 거실 앞, 창문 밖에 두었다. 아무도 오지 않고 며칠이 지났다. 어느 날 새벽에 일어나보니 그릇이 비었다. 밤사이 누군가 와서 먹은 것이다.

새벽어둠이 채 가시지 않은 시간. 거실로 내려와 불도 켜지 않고 거실 창문 앞에 쪼그리고 앉았다. 좀 전 잠결에 톡이 오는 소리를 듣고 잠이 깼다. 눈을 반쯤 감은 채 더듬거리며 톡을 보니 남편이 보낸 것이다. 운동을 나가려다 고양이가 사료를 먹는 사진을 찍은 것이다.
거실 창문 너머 하얀 사기 밥그릇에 고양이 사료가 한 그릇.
양쪽 귀밑이 다 찢어져 피가 엉겨 붙은 누런 털을 가진 커다란 수고양이가 느긋하게 사료를 먹는다. 어느 정도 먹더니 배가 부른지 어디론가 떠나고, 조금 있으니 턱 밑을 물렸는지 턱 밑이 너덜너덜해진 하얀 고양이 한 마리가 허겁지겁 먹고 사라진다. 또 조금 있으니 깡마른 호랑이 무늬의 애기 고양이가 잔뜩 주눅이 들어 눈치를 보며 재빠르게 먹는 둥 마는 둥 하며 먹고는 사라진다.
 아직 먹이는 남아있고 또 누가 왔다 가려나!

 아침이 되니 커다란 까치 한 마리가 그릇 가장자리에 앉아 사료를 먹는다. 이때 때까치 두 마리가 벤치에 앉아 시끄럽게 재잘거리며 까치가 먹고 떠나길 기다린다. 까치가 드디어 떠나고 때까치 두 마리가 자릴 잡는다. 어느 정도 배가 채워졌는지 제 갈 길 찾아 떠난 후 한동안 조용하다.

 오전 일을 마치고 돌아오니, 특이한 머리 모양을 한 새가 밥그릇에 앉아있다. 내가 오는 모습에 놀라 저만큼 날아가 숨는다. 신기해서 얼른 찾아보니 '후투티'라는 이름의 새다. '아! 이런 새도 여기 있었네. 조류도감에서만 보던 새였는데…' 반가웠다. 남편에게 알려주고 싶어 사진을 찍으려 거리를 조절하는 동안 푸르륵 날아가 버렸다. 사진을 남기지 못해 못내 아쉽다. 후투티가 다녀간 후, 작은 참새 몇 마리가 다녀갔다. 저렇게 작은 목구멍으로 고양이 사료가 넘어가나? 하는 의문이 들었다. 한 참 지난 후 아침에 다녀간 고양이에게 들었는지 커다란 검은 고양이가 와서 조금 남은 사료를 몽땅 먹고 사라졌다.

며칠 뒤 다시 창문 밖.

고양이 두 마리가 밥그릇을 사이에 두고 신경전이 한창이다.

양쪽 귀밑에 새살이 오르는지 분홍색으로 보인다. 살금살금 서로 안 보는 틈을 타, 발을 조금씩 옮기는 모습이 흡사 슬로비디오 보는듯하다. 창문 넘어 주인 없는 밥그릇엔 많은 친구들이 시간을 나눠 다녀간다.

이제 쥐가 없어졌을까? 우습지만 아직 있다.

'구리'는 우리 집을 지키는 다리 짧은 강아지다. 몸은 작아도 커다란 자기만의 울타리와 그 울타리 안에 작은 자기 집을 가진 부자 강아지다. 구리는 사철 밥그릇이 빈 적이 없다. 늘 맘씨 좋은 주인아저씨의 배려에 사료 말고도 주인이 먹는 것을 모두 먹을 수 있는 특권을 가지고 있다. 늘 주머니 속엔 할머니가 아이들 사탕 챙겨 다니듯이 특식이 들어있다. 가끔 주머니 속 물건을 꺼내지 않고 세탁기를 돌리는 바람에 떡이 된 먹이가 나와 난감할 때도 있긴 하지만.

어느 날 모과나무 밑 벤치에 앉아 구리를 보고 있다가 뜬금없이 맘에 없는 눈싸움을 하고 있었다. 그때 개집 철조망 틈새로 빵빵하게 살이 오른 생쥐가 고개를 빼꼼 내밀었다가 이쪽저쪽 눈치를 살피더니 슬쩍 나와 구리 사료를 물고 틈 사이로 사라진다.

구리는 바로 눈앞에서 보고도 못 본 척해준다. 어차피 남아도는 먹이. 싸워서 뭐 하랴! 너도 먹고 나도 먹고, 도를 통한 구리다.

아무리 고양이가 많이 와도 구리가 봐주고 있는 한, 생쥐는 사라지지 않을 것 같다. 그것을 모르는 남편은 열심히 고양이 사료를 사 나르며 자기 때문에 쥐가 모두 사라졌다고 나에게 장담한다. 나도 그렇다고 맞장구쳐준다.

우습다.

주인 없는 밥그릇을 두고 서열 싸움을 하는 고양이도 우습고, 서열 맞춰 날아오는 새들도 우습고, 바로 눈앞에서 먹이를 물고 가는 생쥐를 보고도 못 본 척 눈감아주는 구리도 우습고 쥐가 사라졌다고 장담하는 남편은 더 우습다.

닭장을 나온 닭들

 오전 일을 일찍 마무리했다. 새벽 6시면 일이 시작된다. 남편은 훨씬 전부터 깨어서 운동을 끝내고 일터에서 우릴 기다렸다. 급하고 불같은 성격을 가진 남편의 뒤를 챙기는 것은 그리 쉬운 일이 아니다. 몇 분 늦은 아들 내외에게 사업가와 회사원의 차이점에 대해 일장 연설을 하며 부지런하지 못함을 꾸짖고 일은 시작됐다. 건물 뼈대만 남기고 안팎을 통째로 바꾸는 작업을 1년째 하는 중이다. 건축 자재에서 인테리어까지 모두 재활용품이다. 돈을 헛되이 쓰지 않는 남편은 우리를 끌고 여기저기 모델하우스 철거하는 곳에서 자재를 공수해 와서 직접 손을 댔다. 남편이 출근할 때만 빼고는 어디든 실과 바늘처럼 붙어있다. 그러다 보니 당연히 손발 잘 맞는 수술실 의사와 간호사같이 서로를 잘 안다. 다음에 어떤 기구가 필요한지, 어떤 작업을 할 건지 예측해서 일이 끊이지 않고 이어갈 수 있도록 하는 것이 내 임무다.

남편이 출근했다.
이제부터 남편이 퇴근할 때까지 자유다. 퇴근 시간이 정해져 있지 않아 바로 돌아올지도 모르지만 그래도 어쨌든 자유다. 뜨겁고 달달한 커피 한잔을 들고, 나만의 자리인 벚나무 아래에 앉아 자유를 누린다. 요 시간 정말 좋다. 커피를 한 모금 마시며 천천히 주변을 스캔하다 요즘 한창 익어가는 블루베리밭에 눈이 멎었다. 뭔가 있다. 가까이 가보니 닭들이 모래 목욕이 한창이다. '어, 어쩌지? 어떻게 해야 하지?' 순간 당황. 남편이 모이를 주고 문을 설 닫은 듯했다. 애들을 부를까? 남편을 부를까? 이런저런 생각을 하다 그냥 남편이 올 때까지 두기로 했다.

이 닭들은 우리 집이 지어지기 전부터 먼저 와서 이 터의 주인이 됐다. 논을 구입해서 밭으로 변경하고 다시 대지로 변경해야 하는 동안 남편은 한쪽 구석에 콘크리트로 바닥을 만들고 닭장을 지어 병아리 20마리를 데려왔다. 그런데 얼마 안 있어 병아리를 시댁으로 옮겨야 했다. 대지 허가가 안 된 곳에 콘크리트를 쳤다고 민원이 들어왔기 때문이다. 공들여 만든 것이 못내 아쉬웠지만 어쨌든 옮겨야 했다.

  닭은 밤에 옮겨야 쉽게 잡을 수 있고, 다음날 만나도 기싸움을 하지 않는다는 시골 언니의 말에 한밤중에 닭을 옮겼다. 정말 신기하게 꼼짝도 못 했다. 밤엔 쥐가 내장을 다 파먹어도 가만히 있는다고 하더니 정말 가만히 있었다. 그렇게 시댁에서 6개월을 산 뒤 다시 이곳으로 돌아왔다.

  그게 벌써 4년이 넘었다. 이제 닭들도 늙었다. 수탁 두 마리에 암탉 18마리. 언니 말이 이제 늙어 알도 안 낳고, 사료만 축내니 교체할 때가 됐다 한다. 하긴 요즘 움직임이 둔해지고, 알도 잘 낳지 않는다. 하지만 우린 교체하질 못했다. 고양이게 물려갈까! 매에 채여 갈까! 노심초사 남편의 지극한 보살핌 덕분이다.

  그런 닭들이 다 늙어 여기를 떠날 때쯤 되어, 오늘 처음 닭장 너머의 세상을 본 것이다. 노는 모습이 너무도 평화롭게 보인다. 블루베리밭에 잡초를 제거해야 하는데 하지 않아도 될 만큼 얼마나 파 재꼈는지 깨끗하다. 수탁이 땅을 헤집어 뭔가 찾아내서 암탉들을 부르는 특유의 소리를 내면 암탉들이 우르르 모여들어 땅을 쪼아댄다. 수탉은 먹지도 않고, 또 다른 곳으로 가서 땅을 헤집고 암탉을 부른다. 다정한 남편 같다. 내 남편을 보는 듯해서 한참을 바라보다 닭장에 가보니 아직 나오지 못한 닭이 댓 마리 있다. 내보내려 했지만, 도저히 내보낼 수 없다. 억지로 쫓아 보지만 놀라 잽싸게 다시 우리 안으로 돌아온다.

"이 겁쟁이 쫄보… 밖에 한 번 나가보라고. 흔치 않은 기회야. 목욕할 곳이 천지라고…!"

소리쳐 보지만 헛수고다. 잡히지 않으려고 푸덕거려서 먼지만 닭장을 채운다.

오랜 시간을 이 공간이 전부인 줄 알고 산 닭들에게 미안하고 안타까운 생각이 들었지만,

어쩌랴, 할 수 없지!

이 닭들이 꼭 나 같다. 30년 동안 남편 그늘에만 있던 나도 밖이 두렵다. 행여 처자식에게 무슨 일이 생길까? 닭장을 이중으로 망을 치는 것처럼 우리에게도 이중 삼중 망을 친다. 그래도 두 놈은 나갔지만, 나와 막내는 그 그늘을 벗어나지 못하고 남편 주위를 맴돈다. 잠깐의 꿀맛 같은 자유가 좋아서인지 나는 선뜻 밖으로 발을 내밀지 못했다.

나오지 못한 닭들은 그냥 두기로 했다. 고양이와 매의 두려움을 무릅쓰고 자유를 누리는 닭들과, 자유를 거부하

고 안전함을 선택한 닭들 중 어떤 것이 옳은 선택인지 나로서는 알 수 없다. 각자만의 장점이 있겠지만 오늘은 어쩐지 닭장을 나온 닭들이 멋져 보였다.

  나도 그 멋진 닭들 옆에 앉아 풀을 뽑았다. 닭들도 나를 피하지 않고 내 곁을 맴돈다.

  닭장 문을 나온 너희는 지금 자유고, 나도 이 시간은 자유다. 같은 시간, 같은 공간, 같은 자유.

  보고 있자니 미소가 절로 지어졌다.

참깨밭의 깻망아지

 아침부터 포클레인이 어디가 고장이 났는지 오일이 흐르고 그걸 본 남편은 괜스레 옆에서 군말 없이 일 잘하는 나에게 의미 없는 짜증을 낸다. 포클레인에게 말해봤자 아무 반응이 없으니, 나에게 하는듯하다. 오래 산 인연으로 어느 포인트에 남편의 목소리가 올라가는지 잘 알고 있는 난, 보통 별말은 안 하지만 가끔 꿈틀거리기도 한다. 그럼 고것이 불씨가 되고 여차하면 며칠씩 활활 타오른다. 하지만 그런 일은 가끔이다 아주 가끔.
 할 수 없이 트럭에 포클레인을 싣고 손보고 온다고 기다리라는 말을 남기고 떠났다.

혼자 남은 나는 일터를 빙빙 돌며 뭔가 할 일을 찾았다. 토마토를 땄다. 장마엔 익기도 전에 갈라지고 물러서 못 먹는 것이 반이더니, 이제 제법 예쁘게 익는다. 작은 토마토를 따서 입에 넣고 푸른 기가 살짝 가신 것도 모조리 따니 큰 함지로 한가득이다.

며칠 전에 갈라지고 맛없는 토마토를 버리긴 아깝고 먹자니 맛없고 해서 무엇을 할까 하다가 토마토김치를 담았다. 먹어보니 맛이 좋아 혹시 나만 맛있게 느껴지는지 몰라 공방에 가져갔더니 맛있다 한다. 지난번에 담은 참외김치보다 더 맛있고 간이 슴슴해서 샐러드 같다. 저녁에 남편에게 보이니 한 그릇이 뚝딱이다. 토마토로 김치를 만든 내가 스스로 기특하게 여겨졌다.

오늘 딴것도 모두 김치로 만들 예정이다. 김치에 넣을 청양고추도 몇 개 따고, 부추도 솔찬히 베어 함지에 담아 차로 가는데 옆집 아주머니가 지나가신다. 옆집 아주머니에게도 예쁘게 잘 익은 것을 몇 개 골라 주고 나머진 모두 차에 실었다.

다시 돌아와 한참을 기다려도 남편은 오지 않는다. 심심하다. 토마토 옆에 심은 키 큰 참깨에 눈이 간다. 난 참기름을 좋아하지 않아 늘 들깨만 심다가 올해엔 딱히 심을 것이 생각이 안 나 참깨 두 판을 심었다. 심을 때만 거름을 하고 비료를 주지 않아서인지 자라는 것이 다른 집보다 부실하다. 그래도 하얀 꽃이 피었다 지고 나면 열매가 맺히니 정말로 자연의 힘은 대단하고 감사하다. 약을 안 하니 심은 것마다 벌레들이 우리보다 먼저 시식을 한다. 시골에 사는 언니가 "참깨는 약 없이 힘들 텐데…." 했는데, 그 말이 맞는 것 같다. 열매는 맺었는데 잎이 없는 것이 많다. 누군가 다 갉아 먹었다. 어떤 놈이 잎을 먹나 살펴보니, 어려서 가지고 놀았던 내 손가락만큼 굵고 긴 애벌레인 깻망아지가 여기저기서 쉬지 않고 잎을 갉아 먹는 중이다. 꼭 누에가 뽕잎을 먹는 것처럼.

깻망아지는 생김새가 남들은 징그럽다지만 난 귀엽다. 건드리면 몸을 세워 머리를 세차게 흔든다. 나에게 겁을 주려는 모양이다. 떼어내려 잡아당기면 잘 보이지도 않는 작은 발로 꽉 움켜줘서 잘 떨어지지도 않는다. '깻망아지'. 누가 이름을 그리 지었는지 이름도 예쁘고 생김새도 예쁘다. 초록 잎을 먹는 지금은 온몸이 초록이다. 등엔 초록 바탕에 하얀 줄무늬가 대칭으로 부드러운 곡선 무늬가 있고, 뚱뚱한 몸에 비해 아주 작은 다리가 뒤쪽에 다섯 쌍, 앞쪽에 더 작은 다리가 세 쌍이 있다. 이 중에 마지막 항문이 있는 곳의 다리는 나머지보다 약간 다른데 그 발로 물체를 꽉 움켜잡아 잘 떨어지지 않는다. 꽁무니엔 다른 누군가를 위협하기 위함인지 무섭게 생기긴 했지만 찔려도 아프지 않은 뾰족한 뿔이 나 있고, 앞쪽 등엔 깔끔하게 면도한 남편 턱에 시간이 지나면 하얀 수염이 올라오듯 거칠거칠한 하얀 돌기가 수염처럼 콕콕 박혀 있다.

 남편을 기다리며 한참 동안 깻망아지를 가지고 놀다가 그것도 시시해져서 모두 잡아 멀리 강가로 자리를 옮겨주었다. 모두 알아서 살겠지!
 이것들이 좀 더 자라 시간이 지나면 번데기가 되고, 더 자라 성충이 되면 '박각시'라는 이름을 가진 나방이 된다. 보통 나방보다 몸집이 크고, 또 벌새처럼 빠르며 공중에서 날개 짓하며 꿀을 빨 수도 있다. 애벌레가 크니 성충인 나방도 크고 엄청 빠르다. 여름밤 저녁이면 꽃에 꿀을 빠는 아주 커다란 박각시를 쉽게 볼 수 있을 것이다.

 참깨밭에 다시 돌아와서 자세히 보니 깻망아지만 잎을 갉아 먹는 것이 아니고, 노린재처럼 생긴 곤충들도 다닥다닥 붙어있고, 이름 모를 풍뎅이도 많다. 괜스레 깻망아지만 탓한 것이 미안하다. 이 작은 것들은 털어도 잘 떨어지지도 않는다.
 그냥 두기로 했다. 먹다 배부르면 안 먹겠지.
 그래도 참 신기한 것이 저렇게 많은 벌레들이 괴롭혀도

참깨는 끈질기게 자기의 본분을 다하고 있다. 이파리를 모두 잃었어도 밑동을 갉아 먹혀 옆으로 넘어져서도 마지막 수확할 때 얼마나 알곡이 실할지 지금은 알 수 없지만 현재로선 열매를 다닥다닥 맺었다.

  꼭 우리 사는 모습이다. 여기저기서 생각지 못한 일들이 훅훅 들어와도 쓰러졌다 일어서기를 반복하며 학교를 마치고 직장을 다니고 결혼을 하고 아이를 키우고 병이 들어 사라진다.

  모두가 마찬가지다.

  박각시도 많은 알을 낳았을 텐데, 곤충에 먹히고, 새에게 먹히고, 오늘같이 나에게 잡혀 앞뒤로 뒤집혀가며 발가벗겨지는 수모를 겪고, 먹이도 없는 장소로 던져지고 그래도 아마 잘 버텨서 또 멋진 모습의 박각시가 되어 꽃들의 수정을 도울 것이다.

  짧은 손톱으로는 집어 지지도 않는 아주 작은 참깨 씨앗도 흙 속에선 새들과 벌레에게 먹히고, 싹을 틔우면 이런저런 곤충들의 먹이로 괴롭힘을 당하고 여름이면 큰 키 때문에 태풍에 쓰러져도 꿋꿋이 씨앗을 주렁주렁 품었다가 여기저기 나눠주고 다시 자연으로 돌아가는 것이.

  모두가 새롭게 보인다. 남편도, 나도, 깻망아지도, 토마토도 참깨도….

삶의 풍파에서 꿋꿋이 버텨내는 이 세상 모든 생명은 각자가 스스로 위대하다.

모두 파이팅이다.

커피숍을 만들다

 오전 일을 끝내고 집으로 돌아가려고 대문을 잠그는데 지나가던 아주머니가 물었다.
 "아니 여기는 언제쯤 오픈해요?"
 "매일 일은 하는 것 같은데 끝이 안 나는 것 같아서…."
 "그러게요. 일보다 시간이 먼저 가네요." 내가 말했다
 "여기다 뭘 오픈할 거예요?"
 "글쎄요…. 아직 정하진 않았어요."
 "그럼 커피숍은 주변에 많으니, 음식점을 하면 어때요? 이곳엔 간단히 먹을 곳이 없어서…. 국수나 부침개나 막걸리 같이 간단히 먹을 수 있는 곳이 있었으면 좋겠어요."
 "생각해 볼게요."

옛 주인이 카페를 하던 이 건물을 구매한 지 2년이 지났지만, 아직 오픈할 기미는 안 보이고 계속 공사 중이니 오가는 사람들이 궁금하기도 하겠다.

2년 전, 남편과 산책하다 이 건물이 매물로 나왔다는 소리를 듣고 바로 달려가 그 자리서 계약했다. 1층엔 부인이 커피숍을, 2층엔 남편이 작은 공방을, 3층엔 살림을 하고 있는. 그래도 그 주변에선 가장 먼저 세워진 커피숍이어서 나름 인지도 있고, 위치도 괜찮고, 건물도 서구식으로 잘 지어져 맘에 들었다.

한 달 후, 그곳에 살던 주인은 이사를 갔고. 우린 먼저 시작하고 있던 작은 수목원을 뒤로한 채, 이쪽으로 방향을 돌려 매일 하는 일 없이 이곳을 찾아 아무도 없는 커피숍에 말없이 앉아 있다 가곤 했다. 그렇게 두세 달 동안 할 일은 많았지만, 순서를 몰라 일을 못하고 구상만 하다가 한참 시간이 흐른 후 본격적으로 일하기 시작했다. 틈틈이 아들과 아들의 여자 친구와 나는 바리스타 자격증을 땄고, 여자 친구는 제빵 자격증도 취득하며 만반의 준비를 했다.
 그런데 대충 손 보고 있는 그대로 바로 시작해도 될 줄 알았는데, 막상 시작하려니 걸림돌이 너무 많았다.

처음 이 건물을 지을 땐 주차장 없이도 허가가 났는지는 잘 모르지만, 일단 1, 2층 평수에 해당하는 주차장이 있어야 했고, 평수에 맞는 정화조 시설도 바꿔야 하고, 배수시설, 소방시설, 전기시설 뿐만 아니라 2층까지 요식업 허가를 받아야 하는 상황이라서 생각보다 많은 시간이 소요됐다.

그 사이 막내를 결혼시켜 건물 3층에 살림을 내주었다. 그곳을 아들이 직접 운영하기 위한 과정으로 아들과 며느리를 다른 커피숍으로 실습을 보내고, 남편은 출근하는 시간을 제외하곤 여러 허가를 받기 위해 건물을 손보기 시작했다.

제일 먼저 손을 본 것은 1층과 2층을 이어주는 가파르고 턱이 높은 통나무 계단을 철거하고, 턱이 낮고 경사도도 완만해서 아이들도 쉽게 오를 수 있는 계단을 만드는 것이었다. 통나무가 얼마나 무거운지 먼지 나고 힘에 부쳐 힘센 인부들을 좀 부르면 일이 훨씬 수월하리라 생각했지만, 그것은 나만의 생각일 뿐 남편과 아들과 나는 10년 동안 쌓인 먼지를 고스란히 마시며, 세월의 무게를 견디지 못해 뒤틀리고 삐걱거리는 계단부터 철거해야 했다.

철거를 끝낸 뒤 설마 '철제 계단은 전문가를 불러 만들겠지!' 했지만 그 예상도 빗나갔다.

일하는 현장에 찾아가고 유튜브로 며칠을 연구하더니, 공장에서 3칸씩 쇠를 계단처럼 접어와 계단을 만들기 시작했다.

우리 두 사람의 힘으로는 도저히 들 수도 움직일 수도 없는 일을 완벽하게 만들어준 일등 공신은 남편이 전기 공사를 전문으로 하면서 사용하던 도르래처럼 생긴 '수동 체인블록'이라는 공중에 매다는 작은 견인기였다.

그 무거운 철 계단을 별거 없어 보이는 작은 견인기의 도움으로 들어 올리면 남편은 용접을 하고 기둥을 세워 계단을 완성했다. 창고에서 30년을 누워 벌겋게 녹이 난 작은 체인블록이 이 일의 주인공이 될 줄은 보지 않은 사람은 아마 전혀 모를 것이다.

용접으로 인한 강한 빛으로 늘 눈에는 고통이 따라 안과를 오갔고, 얼굴은 허물이 벗어지기를 반복하며 드디어 계단이 완성되었다. 짬 나는 시간에 틈틈이 하다 보니 꽤 오랜 시간이 소요된 결과물이었다.

건물 안 리모델링이 절반쯤 되어갈 무렵, 주차장 허가가 떨어졌고 주차장을 만들기 위해 본격적으로 흙을 퍼내기 시작했다.

건물이 도로보다 상당히 높게 지어졌고, 건물 앞이 낮은 언덕으로 되어 있어서 주차장을 만들려면 언덕의 흙을 모두 퍼내야 했다. 25톤 트럭 몇 대면 될 줄 알았는데 50대를 넘게 퍼내고서야 도로와 비슷한 주차장 높이가 나왔고, 건물과 바닥 사이가 너무 높아 축대를 3미터를 넘게 쌓아야 했다. 5단의 축대를 다 쌓고 건물과 축대에 앵커를 박아 연결을 하고, 그 위에 콘크리트를 붓고 미장까지 완벽하게 끝내는 것으로 옹벽 쌓는 것은 시간이 걸리는 일이었다.

옹벽을 쌓은 후 주차장을 만들기 위해 땅을 평평하게 고르고 수로를 묻은 후, 레미콘을 불러 콘크리트를 쳤다. 우리끼리 하는 일이라 한 번에 다 하지 못하고 5번에 나눠서 마른 후 다시 하기를 반복했다. 레미콘이 시멘트를 부어놓고 가면 남편과 아들이 한가운데 들어가 무거운 나무로 시멘트를 두드리며 평평하게 다지고 나가면 나와 며느리는 가장자리에 턱이 지지 않도록 다듬었다. 콘크리트가 다 마르고 주차선을 그리고 나니 예전 건물 옆에 간신히 차 두세 대를 세웠던 것에 비하면 지금은 너무 시원한 주차장이 완성됐다.

이렇게 크고 작은 일을 해 나가며 2년이 쏜살같이 지나갔다
우리는 지난 한 달 동안 높은 축대의 안전성을 위해 가

드레일을 설치했다. 축대에 앵커를 박아 기둥을 만들고, 가드레일을 세우고, 용접하고, 갈아내고 녹슬음 방지를 위한 페인트칠하기를 반복하며 한참 만에 완성했다.

  2년 전, 어딘가에 쓰일 거 같다며 청주의 한 모델하우스에서 가드레일을 철거해 왔다. 철거해 오면서 남편과 몇 번이나 투닥거렸다. 좋은 것으로 사지 이런 것까지 가져오냐고 싫은 내색을 했는데, 그때 가져온 가드레일이 하나도 버려짐 없이 모자라지도 남지도 않게 딱 맞게 쓰여졌으니 내가 더 이상 토를 달 수 없게 되었다. 이제 빛바랜 가드레일 위에 다시 필름을 씌우고 유리에 선팅을 하면, 이것이 고물이었다는 걸 아는 사람은 아무도 없을 것이다.

  이 일을 하면서 안 사실인데, 내가 몸 쓰는 일을 참 잘하는 것 같다. 아마도 이 커피숍이 완성되고 나면 데모도 전문가가 되어있지 않을까?

  요즘은 현관 앞을 오르는 계단을 만들고 있다.

  간간이 며느리가 그사이 태어난 손주를 안고 간식을 들고 내려오면, 그들을 보는 것만으로도 남편과 난 이것을 왜 해야 하는지 이유가 되고도 남으며 피로도 한방에 사라진다.

달콤한 계수나무를 아시나요?

작년에 새로 매입한 카페 리모델링을 하면서 건물 옆에 딱 붙다시피 서 있는 키 큰 나무 한 그루를 남편은 탐탁지 않아 했다. 큰 키가 향적산 국사봉 자락의 조망을 가린다는 것이 가장 큰 이유였고, 또한 잡초와 잔디가 뒤섞여 자라 지저분하기도 했다. 그래서 그쪽을 손보면서 잔디와 나무를 모두 들어내고 돌과 시멘트로 깔끔하게 만들기로 했다.

올봄 어느 이른 아침, 이곳을 지나던 아저씨가 매일 무슨 일을 하는지 궁금하다며 들어와서 여기저기 구경하더니 여기 있는 이 나무는 그냥 두면 좋겠다고 조언을 하셨다. 가을이면 사탕 냄새가 날 거라고.

 가을이 왔다. 매일 일은 하는데 계절이 바뀌어도 별로 눈에 띄는 변화는 없다.
 봄에 이곳을 지나가던 행인의 한마디로 살아남은 나무가 잎을 노랗게 물들이는가 싶더니 잎을 떨구기 시작했다. 이 나무의 이름은 쪽배 모양의 달이 이 나무와 토끼 한 마리를 태우고 돛대도 없고 삿대도 없이 은하수를 건너 서쪽 나라로 간다는 '반달'이라는 동요에 나오는 계수나무라는 것을 알았다. 어려서 수없이 불렀던 동요의 상상 속에서만 존재할 것만 같았던 나무를 직접 보니 신기하고 반가웠다. 항상 달과 토끼와 함께 있어야 어울릴 것 같은 나무였는데….
 어느 날 문득 옆을 지나가는데 달콤한 냄새가 났다 "어, 뭐지? 설탕을 끓여 만드는 달고나 냄새인 듯, 엿을 달이는 냄새인 듯, 아니 솜사탕 냄샌가?"
 문득 봄에 아저씨가 한 말이 생각났다. 신기해서 위를 올려다보고 떨어진 나뭇잎에 코를 대보고 나무 기둥을 킁킁 냄새를 맡아봐도 딱히 어디서 그 향이 올라오는지 잘 모르겠지만 옆에 있으면 향이 강하다. 기분 좋아지는 향.
 일을 하다 이 계수나무 옆을 지나갈 일이 생기면 큰 숨을 한 번씩 들이쉰다. 달콤하고 감미로운 이 가을 향이 다 없어지기 전에 한 번이라도 더 몸과 맘에 담아두기 위해서.

 얼마나 다행인지. 그때 그 행인이 이곳을 지나가지 않았으면, 이런 향기로운 가을은 존재하지 않았을 텐데…. 나무에게도 우리에게도 고마운 인연이다.

 여름엔 시원한 그늘을 주더니 이젠 달콤한 향과 함께 노랗게 물든 모습으로 눈과 코를 즐겁게 해준다. 거기에 떨어진 낙엽을 쓰느라 운동까지.

 역시 나무는 아낌없이 주는 존재가 맞다. 산소 줘, 그늘 줘, 향기 줘, 아름다움 보여줘, 운동시켜 줘….

울타리를 치다

커피숍 구매 후 처음부터 울타리를 쳐야 한다고 남편은 노래를 불렀다. 하지만 급한 것부터 처리하다 보니 자꾸 뒤로 밀리게 되고 또 어떻게 해야 할지 구체적 윤곽이 잡히지 않아 뒤로 미뤄졌다. 전 주인도 울타리 없이 그냥 사용한 것을 보면 운영하는데 울타리가 그리 큰 비중을 차지하지 않는 듯 보였지만 남편은 울타리에 대한 집착이 꽤 컸다.

5년 전, 아이들을 낳고 기른 오래된 아파트를 팔고 새 아파트를 구매하려다 갑자기 집과 가까운 시골에 논을 샀다. 우린 2년 동안 흙을 채우고 다지기를 반복하면서 대지로 형질 변경을 하여 주택을 짓고 전원생활을 시작했다.

 집을 짓기 전 어느 날, 남편이 큰 트럭을 가져오더니 막무가내로 타라했고, 도착한 곳은 어느 공장을 철거하는 공사 현장이었다. 그곳에서 울타리로 쓰였던 펜스를 가져가도 된다고 했다면서 싣기 시작했다. 남편 혼자 힘들게 싣는 모습이 안 돼 보이기도 하고, 뻘쭘하게 서 있기도 뭐해서 펜스를 맞잡아 차에 실었다. 두 번을 실어다 부려놓으니 꽤 많은 양이 되었다. 그때 못 한다고 뒤로 나자빠졌어야 했는데…. 내가 너무 노련하게 잘했는지 그 후론 어디 가든 나를 부른다. 그때 가져온 펜스로 집이 지어지기도 전에 울타리가 먼저 쳐졌다.

 지난주, 드디어 며칠에 걸쳐 커피숍에 울타리를 다 쳤다. 시간이 날 때마다 조금씩 하다 보니 긴 시간이 걸렸다. 커피숍 울타리는 펜스가 아닌 '골 함석'이다. 남편은 고물상을 여러 곳 뒤져 가져왔다며 엄청나게 긴 함석을 실어 왔다. 그라인더로 자르고 이어 붙여 건물을 빙 둘러 울타리를 쳤다. 다 치고 나니 아늑한 기분이 들긴 하나 전문가의 솜씨가 아니어서 아쉬움이 남고, 또 골 함석이 이 건물과 영 어울리지 않는듯하여 별로 마음에 들지는 않았지만, 앞으로 어떻게 모습이 변할지 알 수 없기에 '잘했느냐'고 자꾸 묻는 남편의 질문에 그냥 웃음으로 답했다. 화려한 색으로 모양을 낼지, 방부목을 덧댈지, 꽃나무를 앞에 심을지…. 아직 미완성이었기 때문이었다.

  울타리를 만든 후, 남편은 이제야 마음이 좀 놓인다 했다. 내겐 별거 아닌 걸로 보이는 울타리가 남편의 마음엔 큰 일이었던 모양이다.

  남편은 '내 꺼'라는 것에 집착이 강한 사람이고, 가끔 그런 모습에 답답함을 느끼곤 한다. 아마 아이들도 그렇지 않을까 싶다. 늘 내 새끼, 내 마누라를 향해 보초를 서고 있는 느낌이다. 살아온 환경이 그럴 수밖에 없어서 그런지 모르겠다.

  오 년 전 우리가 집을 지으려고 흙을 다질 때 아버님은 돌아가셨고, 나를 예뻐해 주셨던 아버님은 집이 다 지어진 모습을 보지 못하고, 영정 사진으로만 새로 지어질 집터를 한 바퀴 돌고 가셨다.

  돌아가신 아버님은 세 살 때부터 부모도, 조부모도 없이 계조모의 손에서 컸다고 한다. 하지만 사랑은커녕 늘 이집 저집 옮겨 다니며 여러 사람에게 구박을 받으며 자랐고, 결혼을 한 후에도 힘든 가정형편과 고아라는 이유로 이웃에게 휘둘림을 당했다고 어머님이 자주 말하곤 했다. 그런 아버지의 힘든 삶을 보며 자랐기 때문인지는 잘 모르겠지만 남편은 가족에 대한 애착이 유난히 크고, 자기 힘으로 가족을 지켜야 한다는 강한 집착을 가지고 있다.

 그런 남편은 아이들이 부모의 울타리를 벗어나려고 할 때마다, 꽃이 벌 나비를 유혹하듯 갖은 수단을 써서 아이들을 자신의 울타리 안으로 모으려 애를 쓴다.
 난 어느 쪽이 더 나은지 알 수 없어 남편에게도 아이들에게도 말을 아낀다. 모든 일엔 양면이 있으니, 난 그들의 선택에 맡기는 쪽을 택했다. 안으로 들어와 편안하지만 자유를 제한받을 것인지, 밖으로 나가 고생은 하지만 자유를 얻을 것인지 그건 그들 몫으로 남겼다.

 나는 남편의 울타리 안을 택했다. 나같이 소심한 성격은 그 울타리를 벗어나면 큰일 난다는 남편의 가스라이팅에 세뇌되었기 때문일 수도 있고, 아니면 내가 이곳이 바깥보다 편하다는 것을 알아버렸기 때문일 수도 있다, 아니 둘 다일 가능성이 크다. 남편은 자기의 영역 안에 콕 박혀 있는 날 보면서 늘 어깨를 으스대며 빵빵하게 뽕을 넣는다.
 하지만 나도 나 나름대로 울타리를 치고 있다는 사실을 남편은 모른다. 나갔다가 여기저기 눈 안 돌리고 곧장 나에게 돌아오도록, 가족의 품만이 세상에서 가장 편안한 곳임을 잊지 않도록 누구의 눈에도 보이지 않는 높고 강한 울타리를 치고 있다는 사실을.

큰 목소리엔 조용함으로, 화난 얼굴엔 엷은 미소로, 강한 자존심을 내세울 땐, 높은 자존감으로…. 이건 내가 남편에게 치는 무언의 울타리다. 내 생각엔 아마도 이 울타리는 빠져나가기 어려울 것이다.

언제쯤이면 알려나…. 내가 치는 울타리가 더 치명적이라는 걸.

당신의 뜻

 일은 남편과 둘이 하는데 나에게 오늘은 어떤 일을 할 거라는 일말의 브리핑도 없이 혼자 본인 머릿속에 있는 순서대로 몸을 움직인다. 모든 공구가 밖으로 출동을 했다. 굵은 쇠를 자르는 큰 커터기, 작은 손 커터기, 가는 그라인더, 용접기, 용접면, 수평자…. 온갖 공구와 전선이 마당에 죽 줄이 세워진다.
 며칠 전부터 아침마다 지금 살고 있는 집 대문을 만드는 중이다.
 작년에 운동장에서 철거해 온 굵고 높은 쇠기둥을 양옆으로 세우고 기둥을 기준으로 하나하나 용접이 되더니 며칠 만에 윤곽이 잡혔다. 내가 하는 일은 남편 옆에 껌딱지처럼 붙어 달라는 대로 척척 집어줘서 일의 흐름이 끊기지 않게만 하면 된다. 가끔 무거운 물건을 들고 있어야 하는 수고가 있긴 하지만 남편이 하는 일에 비하면 새 발의 피다.

대충 윤곽이 보이니 남편은 내 손을 끌고 밖으로 저만치 나가 널찍이 떨어져서 아직 미완성인 자기가 만든 대문을 자랑스레 가리키며 말한다.

"여보! 내가 궁궐 같은 대문을 만들어 줄게." 말하며 눈을 찡긋한다.

집을 지은 지 5년 만에 대문을 다는 중이다. 처음부터 대문을 만들려고 했지만, 차일피일 미루다 지금에야 시작했다. 남편을 잘 아는 난 처음부터 새 대문은 기대도 안 했다. 전문가를 부를 거라는 것도 기대 안 했다. 본인 손으로 자르고 붙이고 다듬고 두드려 커다란 대문을 세우는 중이다.

난 이렇다 저렇다 아무 말 안 하다 아무래도 너무 높고 큰 것 같아 한마디 했다.

"집에 비해 대문이 너무 거대한 것 같지 않아?"

내 한마디에 자랑스레 웃던 얼굴이 순간 굳어진다. 본인이 하는 일에 브레이크가 걸린 거라 생각한 모양이다.

"아니 내가 당신 뜻을 잘 몰라서…. 당신이 말을 안 하고 혼자 하니까."

그제야 다시 설명을 한다.

"저 높은 곳에 플래카드를 걸 거야."

우리 자녀가 결혼합니다. 합격했습니다. 손주가 태어났습니다. 우리 환갑입니다…

"좋은 일이 있을 때마다 플래카드를 걸 거야."

난 그 발상이 놀랍고 웃겨서 웃었다. 어떻게 저런 생각을 했을까? 난 꿈에도 생각을 못 했는데…. 진짜 저 위에 그런 것들이 걸리면 어떤 기분일까? 잠시 생각해 보았다. 웃음이 나올 뿐이다.

공방에 들러 그런 이야기를 했더니 원장님이 그러신다.

"나도 우리 애 임용고사 합격하니 진짜 걸고 싶어지더라…."고.

언제쯤 이 대문이 완성될지는 잘 모르겠다. 하지만 하루도 일을 안 하는 날이 없으니 분명히 끝은 있을 것이다.

용접으로 화상 입은 눈동자는 벌겋게 되고, 갑자기 누군가의 전화를 받더니 10분 만에 출근 준비를 마치고 문을 나서며 환하게 손을 흔든다.

남편이 떠난 자리에 남은 공구들을 하나씩 정리하며 남

편 말을 곱씹으며 웃었다.
"플래카드를 걸 거야…."

고목과 목신

 새벽에 일터로 나가려 밖에 나오니 내 차가 없다. 어제 술에 취해 들어온 남편이 자기 차를 두고 와서는, 오늘 아침에 내 차를 끌고 먼저 일터로 나간 것이다. 남편이 데리러 올 때까지 기다릴까! 하다 이것도 기회다 싶어 걷기로 했다. 일터까진 적어도 30분은 걸릴 것이다.
 다 낡은 작업화에 통 넓은 바지가 일하는 데 방해가 될 것 같아 바짓단을 양말 속에 몰아넣어 각반을 하고, 작년에 만들었던 군용 무늬가 있는 앞치마를 하고, 팔에는 체크 무늬 토시를 한 채 새로 난 농로 겸 자전거 도로를 걷기 시작했다. 걷기는 늘 밤에만 하다가 새벽에 걸으니 색다른 기분이다.

농번기가 한창인 요즘, 벌써 써레질을 다 마친 부지런한 농부는 집으로 돌아가고 있었고, 써레질이 끝난 잘 다듬어진 논엔 긴 목과 다리를 뽐내는 하얀 황새가 아침 일찍부터 먹이를 구하느라 긴 부리가 바쁘다. 이슬이 마르지 않은 풀잎은 선명한 초록이 아닌 부연 회색빛이 감돌고, 차도로 머리를 뻗는 어린 칡넝쿨이 차바퀴에 짓이겨졌음에도 불구하고 끈질긴 생명력은 다른 곳으로 방향을 틀어 생명을 이어가고 있다.

집에서 나온 지 5분쯤 지나니 아직 어린 버드나무가 군락을 이룬 다랑논 하나가 눈에 띈다. 아직 채 자라지 않았지만 해마다 점점 많은 양의 버드나무가 새로 생겨나고 자란다. 난 이 버드나무 앞에 서서 한참을 바라보며 생각에 잠겼다.

아파트에서 살다 전원주택으로 이사 온 것이 이제 한 오년쯤 된다. 이곳도 어린 아들들과 같이 놀이 겸 산책 겸 걷던 작은 마을이었다. 그러던 이곳의 논과 밭과 좁은 시골길에 큰 이차 선이 뚫리고, 옆으로는 자전거 도로까지 생기며 마을이 커지기 시작했다.
도로가 생기기 전 작은 도로 옆에는 오래된 큰 버드나무 한 그루가 있었다. 그 버드나무는 도로를 내는 데 걸림돌이었는지 우리가 이사와 산책하러 다니다 보니 뿌리째 뽑혀 도로 옆 논에 누워 썩어가는 중이었고, 누구도 거들떠보지 않았다.

 어느 날 남편이 멋진 나무가 있다고 가지러 가자며, 지금은 별 할 일이 없이 마당 한쪽을 차지하고 있는 견인차를 끌고 왔다. 아이가 태어나면서 차 견인하는 일을 시작한 남편은 가족 다음으로 끔찍이 견인차를 아꼈고, 이 차가 벌어주는 수입으로 우리 아이들이 크고, 살림이 폈기 때문에 너무 낡아 이제는 쓰기에도 불편해 보이는 이 차를 처분하지 못하고 있다.

 남편이 말한 멋진 나무는 누워 썩고 있는 버드나무 고목이었다. 가까이 다가가서 보니 생각보다 훨씬 길고 굵고 무거워 끌어올리는 견인차가 넘어갈 지경이지만 남편은 포기하지 않고 오랜 시간 동안 들어 올렸다 내려놨다를 반복하며 드디어 끌어 올리는 데 성공했다. 무게도 상당하고, 둘레도 상당히 두꺼워 끌어올린 나무를 1톤 트럭에 옮기는 데도 긴 시간이 걸렸다. 힘겹게 차에 싣고 나니 바퀴가 주저앉다시피 한다. 길이가 트럭의 두 배가 넘어 운전석 지붕 위 앞으로 실었음에도 뒤가 끌렸다. 그것을 달팽이처럼 천천히 운반해서 수목원이라 이름 붙인 새로 구입한 밭으로 끌어왔다. 이 죽은 고목을 어쩌려고 가져온 건지, 또 이것을 어떻게 세울 건지…. 난 도통 알 수가 없었다.

밭에 가져다 뉘어 놓고 며칠이 지났다. 남편도 어떻게 할지 막막한 듯했다.

며칠 뒤 남편은 여기저기 금이 가고 깨져 철심이 보이는 수로 놓을 때 쓰이는 커다란 콘크리트 원형 맨홀을 얻어 왔고, 연신 싱글벙글하며 어떻게 세울 건지 생각해 낸 자신을 무척 대견해했다.

이 땅을 사면서 필요할 것 같아 구입한 낡은 포클레인으로 깊이 구덩이를 파고, 그곳에 맨홀을 묻고, 오랜 시간을 공들여 드디어 맨홀 구멍에 고목을 끼워 넣기에 성공했다.

드디어 고목이 우뚝 섰다.

많은 것들의 도움으로 이곳에 끌려와 지금처럼 우뚝 서느라 여기저기 부러지고 으서지기는 했지만 어쨌든 섰다. 우리 둘은 환호성을 질렀고, 우리 둘만 아는 것이 못내 아쉬웠다. 땅속으로 반이 묻히니 눈으로 보이는 모습은 키가 많이 줄어 아쉬웠지만 그래도 기분은 좋았다.

남편이 흥분이 가시지 않은 소리로 말했다.

"이젠 떠나갔던 목신이 다시 돌아오겠지?"

돌아가신 내 아버진 오래된 늙은 나무에는 나무의 정령인 목신이 깃들어 살면서 숲을 지키고, 재난으로부터 우리 가족을 지켜준다고 믿었다. 그래서인지 커다란 나무는 함부로 베지 않았고, 날짜는 잘 모르겠지만, 가끔 저녁쯤 정갈히 목욕한 아버진 엄마가 가마솥에 시루를 올리고 불을 때서 만든 시루떡을 지고 산으로 들어가 기도하고 오시곤 했다. 떡을 먹는 유일한 날이었다. 그 기도가 산신을 위함인지 목신을 위함인지는 잘 모르겠지만 아무튼 우리 아홉 남매는 모두 잘 자랐고, 지금까지 모두 잘살고 있다.

인간들의 편리를 위해 생명을 다한 버드나무는, 논바닥에 누운 채 수많은 작은 생명체의 보금자리가 되어 주었고, 지나가는 새들의 쉼터가 되었으며 이제는 우리 곁으로 와서 다시 우뚝 섰다.

'어떤 모습이어야 남편의 말대로 떠났던 목신이 다시 오려나!' 생각하다, 고목 밑에 능소화를 심기로 했다. 이사 간 빈집이 곧 철거될 거라며 칡넝쿨처럼 뻗은 능소화를 가져가도 좋다는 소릴 듣고, 우린 줄기를 한 아름 가져왔다. 가져온 능소화를 심다가 자세히 보니 벌써 딱따구리가 동그랗게 몇 개의 구멍을 파 놓았고, 개미가 줄을 지어

오르내리고, 커다란 하얀 황새는 고목의 끝에 앉아 아래를 굽어본다.

  우리에게 온 지 이제 2년째. 가지 몇 개를 꼽아놓은 능소화가 2년이 되니 버드나무를 온통 감싸 죽은 나무로 보이지 않았다. 더 올라갈 곳을 못 찾은 능소화는 축축 늘어져 주황색 꽃을 피웠다.
  이곳에 올 때마다 그 앞에 서서 올려다본다.
  '이렇게 멋진데, 목신이 다시 오셨겠지!'

  고목이 된 채 누워있던 논에 그 고목이 죽어가며 뿌린 생명이 자라나 빽빽이 버드나무 군락을 이룬 모습을 보니 그때의 생각이 새삼 다시 떠올랐다. 이 어린 버드나무가 언제까지 이곳에서 자리를 잡고 자랄지는 모르겠지만, 이곳을 지날 때마다 나와 남편만 아는 버드나무에 관한 추억이 떠오를 것이다.
  어젯밤 술이 만들어준 인연이 이어져 지금 이 길을 걷게 되었고, 덕분에 잠시 잊었던 추억이 떠올라 걷는 내내 심심하지 않았다.

3부

쉰 여섯

숨

 내가 요가를 하는 가장 큰 이유는 그 시간만이 나 자신의 숨소리를 가장 확실하게 들을 수 있기 때문이다. 숨을 쉰다는 것이 당연해도 너무 당연해 내가 숨을 쉬고 있다는 것조차 인지하지 못하고 산다. 삶이 주는 희로애락에 정신이 팔려 허우적거릴 때, 그곳에서 빠져나올 수 있는 유일한 탈출구가 나에겐 요가를 하는 시간이다.

 처음 요가를 시작할 땐 살이 찌지 않아서일 수도 있지만, 근육의 움직임을 알아야 한다는 이유로 몸매가 드러나는 요가복을 선호했다. 지금은 살이 찐 이유도 있지만, 그보단 타이트한 옷을 입으면 왠지 몸을 옥죄는 느낌이 들어 호흡과 동작에 방해가 되는 듯해서 헐렁한 옷을 고

집한다.

 요가의 아사나(동작)는 언제나 두 손을 모아 '나마스떼'라는 인사와 함께 시작된다. 이 말은 인도의 여러 가지 언어 중 하나인 산스크리트어로서 '나마스(머리를 낮추다)'와 '떼(당신)'라는 두 단어가 합쳐진 말로 이 인사말은 어느 요가원이나 같을 것이며, 여기에는 여러 가지 의미가 있다.

 내가 처음 공부를 시작했을 때 선생님은 '내 안의 신성이 당신 안의 신성에게 감사와 존경을 표합니다.'로 가르쳐 주었다. 그러나 안녕하십니까, 나와 당신은 하나입니다, 당신을 존경합니다 등 여러 가지 의미로 쓰이기도 한다.

 하지만 난 내가 처음에 배운 대로 두 손을 가슴에서 모아 이마로 올려 마음속으로 정성 다해 머리를 숙인다. 그건 가르치는 강사에게 하는 것 일수도, 같이 운동하는 사람에게 하는 것 일 수도, 나 스스로 내 안의 신성을 향해 자신을 낮추는 것일 수도 있다. 그리고 이제부터 몸과 호흡과 마음이 하나가 될 준비가 되었음을 스스로 자각하게 하는 의미도 있다.

 처음엔 몸을 푸는 작은 동작으로 시작한다. 들릴 듯 말

듯 편안하게 시작했던 복식호흡이 시간이 지나면서 마지막 종점으로 향할 때면 강함과 유연함의 균형을 요구하는 난이도 높은 동작이 요구된다. 그때는 복식호흡이 아닌 흉곽 전체를 팽창시켜 숨을 꽉 차게 들이쉬고, 들이쉰 길이만큼 길게 뱉어내는 '우짜이호흡(흉식호흡)'을 함으로써 동작과 호흡이 하나로 이어지면서 어려운 아사나는 완성된다. 그리고 모든 아사나의 마무리로 긴장과 이완이 연속되던 몸을 완전히 이완하는 동작으로 '사바 아사나(송장 자세)'로 끝을 맺는다.

사바 아사나는 그저 쉬는 동작이 아니다. 모든 것을 내려놓는 수련방식의 하나로, 긴장했던 몸과 마음을 가장 편안한 호흡과 함께 고요히 함으로써 새로운 에너지가 채워진다. 그렇게 수련이 다 끝나고 나면 다시 태어난 것처럼 생기가 솟아나게 함이 사바 아사나의 주된 목적이다. 하지만 많은 사람이 사바 아사나를 하는 중에 잠이 들거나, 뒤척이거나, 그냥 나가버린다. 너무 중요한 걸 놓치는 것 같아 안타까운 생각이 들지만, 호흡을 비롯해 그런 동작을 하는 의미를 알려주는 곳은 많지 않은 듯하다.

요가 아사나에서의 주인공은 당연히 호흡이다. 호흡을 보기 위해 동작을 하는 것이다. 나도 처음 요가를 시작할 때는 그저 동작의 완성만을 따졌고, 호흡이 중요하다는 것은 한참이 지난 후에 알았다. 언제 이런 여러 가지의 가늘고 거칠고 길고 짧은 숨소리를 들어 보겠는가! 내가 살아 있음을 가장 확실하게 보여주고 있지 않은가! 요가를 하거나 명상을 하는 시간이 아니면 내가 숨을 쉬고 있다는 것조차 까마득히 잊고 산다.

일을 하는 중에도, 꿈을 꾸는 중에도, 화를 내는 중에도, 사랑을 속삭이는 중에도…. 숨은 한 찰나를 멈추지 않고, 이 몸뚱이가 삶을 이어가도록 누구도 거들떠보지 않는 가장 낮은 곳에서 나의 전부를 떠받치고 있으며, 삶은 호흡 안에서만 존재한다.

세상의 문을 열며 '으앙'하고 내쉬는 호흡으로 삶이 시작되고, '훅'하고 들이쉬는 호흡으로 세상의 문을 닫는다는 말을 들은 적이 있다. 너무도 강한 힘을 가졌으며, 나의 삶을 송두리째 쥐고 있는 이 숨을 나는 하루에 몇 번이나 바라보고 있나?

그런 근본을 잊은 채, 별것도 아닌 일을 별것으로 만들어 웃고 울고 집착하며 사는 내가 우습다. 숨 없이 무엇이 필요하단 말인가! 태어나서 지금까지 단 한 번도 멈춘 적이 없는 숨을 생각하면 그 고마움에 차마 함부로 살 수 없다.

20여 년 전, 여러 가지 병으로 고생하던 엄마는 당신의 죽음을 예측한 듯 집에서 서서히 곡기를 끊으시더니 돌아가시기 며칠 전에야 병원으로 가셨고, 하루를 넘기기 힘들다는 소리에 아홉 남매 모두가 병원으로 모였다. 병상의 엄마는 미동도 없이 가늘게 호흡을 이어가고 있었고, 모두가 지켜보는 가운데 갑자기 몸이 들썩일 만큼 크고 깊게 마지막 숨을 들이쉬는 것으로 잡고 있던 이승의 모든 인연의 끈을 놓았다.

아기가 태어나면 하루 이틀은 소화력이 없기 때문에 아무것도 먹지 못하다 서서히 시간이 지날수록 아주 적은 음식량을 시작으로 점점 양을 늘려가며 어른으로 성장을 한다.

죽을 땐 태어날 때와는 반대로 강하던 소화력이 점차 약해져 먹는 양이 점점 줄고, 나중엔 소화 기능이 완전히 상실됨으로써 물조차 넘길 수 없을 때가 오고, 그 시간도 지나면 이 세상에 오기 전 있던 곳으로 다시 돌아간다. 이런 죽음이 가장 편안한 죽음이며, 이런 편안한 죽음은 쉽게 허락되지 않고 신이 허락해야만 한다고 어른들은 말한다.

황당하게 들릴지 모르겠지만, 난 내 죽음이 기다려진다. 그래서 들이쉬는 마지막 호흡에 애증과 후회와 집착과 미련이 없는 삶이 되도록, 내려놓고 돌아보고 지켜보는 연습과 함께 내가 할 수 있는 한 최선을 다해 살아가려 노력한다.

그리하여 내가 들이쉬는 최후의 마지막 숨이 내가 살아온 삶 중에 가장 편안한 순간이길 기대한다.

나만의 지란지교를 꿈꾸며

거름은 해 놓았는데, 심을 것이 마땅치 않아 종묘상에 물으니 하루나(유채)를 심어보라 권하였다. 크게 고민하지 않고 '뭐든 나면 먹겠지' 하는 생각에, 술술 뿌리고 갈퀴로 설렁설렁 긁어 놨다. 며칠이 지나 싹이 나더니 겨울이 얼마 남지 않았음을 알았는지 키 자랑하듯 빠르게 쑥쑥 자란다. 그런데 씨가 골고루 뿌려지지 않았는지 여기저기 무더기로 올라왔다. 너무 많이 나온 곳은 솎아야 할 것 같아 남편을 출근시킨 뒤 다시 밭으로 가서 하루나를 솎았다. 어찌나 연한지 꼭 손녀의 살결같이 부드럽고 살짝만 집어도 으스러질 듯 연약하다. 듬성듬성 솎아내니 큰 소쿠리로 한가득이다. 할 일도 많은데 다듬을 걸 생각하니 괜히 너무 많이 뜯었나 하는 생각이 들었다. 뜯는 길에 상추도 좀 뜯고 부추도 좀 자르고, 아직 덜 자란 대파도 뽑았다. 커다랗고 실한 붉은 고추와 풋고추도 좀 따고, 오이도 네댓 개 땄다.

집으로 돌아와 마당에 앉아 다듬기 시작했다. 아무리 생각해도 너무 많다. 이걸 어쩌나…. 그냥 닭장에 던져 주자니 연초록 연한 잎의 예쁜 하루나가 너무 아깝다. 친구들에게 톡을 보냈다.
'아직 점심 전이면 여린 하루나에 밥 비빌껀데 올래요?'
모두 온다고 톡이 왔다. 갑자기 바빠졌다. 새벽부터 들깨를 베고 오느라 옷 갈아입을 시간도 씻을 시간도 없다. 다시 톡을 보냈다.
'오늘은 지란지교를 꿈꾸며야, 반찬도 없고, 나 흙투성이야.' 모두 괜찮다 한다. 자기들도 세수도 안 했다고….

10대 후반 즈음엔 같이 어려움을 나누는 친구들과 수시로 쪽지 편지를 주고받았다. 그때 편지 앞머리엔 너나없이 유안진님의 '지란지교를 꿈꾸며'를 한 대목씩 쓰곤 했다. 마치 평생을 같이하며 모든 일들을 안아주고 덮어주며 살아갈 것처럼. 그때의 '지란지교를 꿈꾸며'는 모름지기 친구란 그러해야 함을 말하듯 사춘기를 지나는 우리들 마음에 따뜻하게 자리 잡았었다.

"저녁을 먹고 나면 허물없이 찾아가 차 한 잔을 마시고 싶다 말 할 수 있는 친구가 있었으면 좋겠다.
 입은 옷을 갈아입지 않고 김치 냄새가 좀 나더라도 흉보지 않을 친구가 우리 집 가까이에 있었음 좋겠다 … 남의 이야기를 주고받고 나서도 말이 날까 걱정하지 않는 친구가 …
 … 건널목이 아닌 찻길을 건너도 나에 교양을 비웃지 않을 …." (지란지교를 꿈꾸며 중에서)

모든 내용이 나의 모든 것을 감싸안아 줄 것 같은 벗이 옆에 있었으면 하는 내용이다. 살면서 그런 벗을 가진 사람이 얼마나 될까?

점심 준비할 한 시간 남짓, 시간이 없다. 바빠졌다. 쌀에 콩과 강황을 넣어 가스 불에 올려놓고, 밖으로 나가 이제 얼마 남지 않은 호박잎과 호박을 따왔다. 된장을 푼 냄비에 호박잎 껍질을 벗겨 빨래처럼 주물러 초록의 물을 뺀 호박잎과 호박을 잔뜩 넣어 매콤한 된장찌개도 불에 올렸다. 아까 따온 오이는 고추장에 식초를 넣어 새콤하게 무쳤다.

올가을만큼 붉은 고추를 많이 먹은 해는 없었다. 붉은 고추는 맵지도 않고 달다. 날 된장에 빨간 고추면 다른 반찬이 필요 없다. 남편이 붉은 고추가 달다고 먹으라 권해도 싫다 손사래 쳤는데 진작 먹어보지 않은 것이 후회스럽다. 아직 따야 할 붉은 고추가 솔찬히 남아있다. 저건 모두 내 것이다. 달짝지근한 그 붉은 고추와 하루나와 상추도 깨끗이 씻었다. 그리고 마지막 단백질 보충으로 비빔밥에 들어갈 계란후라이 5개. 이것으로 친구들이 오기 전 상차림은 끝났다.

친구들이 오기 시작했다. 누가 아줌마 아니랄까 대문부터 시끌벅적. 그 소리가 듣기 좋다. 모두 수십 년 밥상을 차려서 뭐가 뭔지 서로 말 안 해도 안다. 밥을 푸고 수저를 놓고, 반찬을 덜고… 커다란 양푼에 하루나를 넣고 비빔밥을 하려다 그냥 각자 상추와 하루나에 날된장으로 쌈을 싸 먹기로 했다. 웃고 떠드는 사이 산처럼 쌓였던 하루나가 바닥을 보인다. 기분이 좋다. 식당에선 이렇게 떠들며 먹을 수 없다. 별 이야기도 아닌 게 별 이야기가 되어 웃음꽃을 만들어 낸다.
 한 친구가 유튜브를 찍자 했다. 모두 그렇자 한다. 또 떠나가라 웃는다. 다섯 명 모두 나이가 다른 50대다. 나이가 많다고 거들먹거리지도 않고, 막내라고 꾀부리지도 않는,

맘 푸근한 아줌마들이다. 모두 갱년기를 지나는 통에 창문을 열어라 하며 웃고, 닫아라 하며 웃는다. 사춘기에서 갱년기로 공간 이동을 한 우리들. 열리고 닫히기를 무한 반복하는 창문으로 우리의 웃음소리가 멀리 보이는 계룡산 꼭대기까지 퍼질 것 같았다. 밥 한 솥이 다 없어졌다. 별거 없던 찬도 다 떨어졌다. 모두 배를 두드리며 또 웃는다. 마지막으로 부른 배를 탓하며 한 친구가 가져온 다이어트 커피를 타 마시면서 또 웃었다.

그 옛날에 지란지교를 꿈꾸었던 친구들은 모두 어디에서 무엇을 하며 사는지…. 그 친구들도 지금의 나처럼 또 다른 지란지교를 만나 꿈을 꾸며 그때를 추억하겠지.
지란지교가 뭐 따로 있나?
예쁘게 옷을 차려입지 않아도, 세수하지 않아도, 화장하지 않아도, 나물에 된장뿐이어도 마음만 연다면 누구나 지란지교다.

이제야 알았다

중복 때까지는 들깨 모종을 다 마쳐야 한다는 언니의 말에 며칠 전부터 새벽에 일어나 들깻모를 심었지만, 아직 다 심지 못했다. 중복이 내일이다. 거름이 부족했는지 아직 채 자라지 못한 키 작은 모종을 뽑아 차에 싣고 밭으로 향했다. 초복 전에 심는 것은 넓게 띄어 심고 중복에 심는 것은 적당히 띄어 심어야 한다는 주변의 많은 농부 선생님의 조언을 되새기면서.

농사에 관심이 많지 않았던 우리는 아이들이 어렸을 때 이 논에서 벼농사를 지었다. 봄에 한 번 심어놓고, 가을에 가서 수확하면 되는 특별히 커더란 노고가 필요하지 않을 거로 생각했기 때문이다.

그런데도 힘에 부쳐 몇 년을 묵혔다가 작년에 다랑논이었던 이곳에 흙을 메워 넓은 밭으로 만들었다.

초복 전, 올해에는 뭐라도 심어야 한다는 말을 듣고 들기름이라도 얻을 요량으로 들깨를 심기 위해 밭으로 가니 밭이 온통 안개꽃밭이었다. 사람의 손길이 닿지 않은 밭은, 초록의 억새와 계란 꽃이라 불리는 하얀 망초꽃이 만발해서 바람 따라 이리저리 흔들리는 모습은 어느 유명한 화가가 그린 수채화 같고, 망초와 억새는 내 키를 훌쩍 넘어 밭에 들어서니 내가 꽃 속에 묻혀 한 폭의 사진이 따로 없었다. 내가 결혼 안 한 처녀라면 지금 요 모습을 찍어 중매쟁이에게 보내면 한 번에 결혼 ok일 텐데…. '아깝다!'

남편은 이 예쁜 망초 꽃밭에 포클레인을 끌고 들어가 꽃을 긁고 흙을 뒤집어 다시 뭔가 심을 수 있는 밭으로 만들었다.

초복 전에 심은 들깨는 거름을 하지 않고 심는 바람에 좋은 모종을 얻어 심었음에도 누렇게 말라간다. 어제저녁 남편이 신바람이 나서 목소리를 한 옥타브 올려 전화를 했다. 비료 주는 기계를 샀다며 올해에는 들기름을 팔아 금자 떼부자를 만들어 주겠노라며 스스로 얼마나 멋진 농부인지 싱글벙글 요란하다.

 새벽에 뽑은 들깨 모와 비료를 싣고 밭으로 와서 일을 시작했다. 남편은 단순하게 생긴 비료 주는 기계로 먼저 심은 들깨에 비료를 주고, 난 새벽에 뽑은 들깨 모를 심었다. 서너 개씩 대충 열을 맞추어 빠르게 심어 나갔다.

 난 내 몸이 참 대단하다 여겨졌다. 손으로는 깻모를 서너 개씩 포기를 나누어 심고, 코로는 풀과 흙 내음을 맡는다. 귀로는 매미 소리와 까마귀와 뻐꾸기의 지저귐과 간간이 나무와 바람이 나누는 소리와 호미가 땅을 파는 소리를 듣고, 눈은 코와 귀와 손이 하는 것을 하나로 보고 있다. 이곳에선 따로 수행이 필요 없다. 언제나 복잡하게 머릿속을 헤집는 생각들이 이곳에선 저절로 가라앉아 고요해지며 그저 평화로울 따름이다. 누가 시키지도 않는데 몸은 저절로 알아서 움직인다.

 아직 아침인데 햇볕이 뜨겁다. 비 온 뒤라 습도도 높아 온몸의 땀구멍이 모두 다 열렸는지 땀이 줄줄 흐른다. 이마에 손수건을 묶었음에도 땀이 흘러 눈으로 들어간다.
 덥다. 상당히 덥다.
 더울 때 어떻게 하라 했더라!

한 어린 스님이 큰 스님께 물었다.
"더울 땐 어떻게 해야 합니까?"
"너 스스로 더위가 되든지, 더 더운 곳으로 가거라."

맞는 말이다. 이제야 그 말뜻을 조금 알겠다.

몇 년째 갱년기와 실랑이를 벌이는 중이다. 호르몬 약을 먹을 땐 아무렇지도 않았는데 약을 끊은 지 몇 개월이 지나자, 다시 증상이 시작됐다. 하루에도 몇 번씩 가슴이 답답해지며 몸속 어딘가에서 썩 기분 좋지 않은 뜨거운 뭔가가 스멀스멀 목을 타고 올라오면, 얼굴은 벌겋게 달아오르고 머릿속부터 시작해 등줄기로 땀이 흐르기 시작한다. 바깥 온도와 상관없이 땀이 흐른다. 혼자 있을 땐 별 문제가 없는데 타인과 있을 땐 곤란해진다. 나 혼자만 땀을 닦고 또 닦고…. 그러다 또 언제 그랬냐며 아무렇지도 않다.

동물이며 식물이며 세월가는 것을 어쩌면 그렇게 잘 알아채는지 신기할 뿐이다.

날씨는 쨍하니 좋고, 햇빛은 따갑고, 습도는 높고…. 덕분에 갱년기가 만들어낸 뜨거운 뭔가는 더 뜨거운 햇볕 속에서 맥을 못 춘다. 갱년기가 만든 땀도 더 높은 습도 때문에 흐르는 땀 속에 묻혀 감춰진다.

땀범벅인 몸은 어쩌다 불어오는 습한 바람에도 시원함을 알고, 바람의 힘에 밀려온 구름이 햇빛을 슬쩍 가려 만들어진 그늘에도 시원해짐을 안다.

난 무슨 일이든 남들보다 한 발짝 늦게 아는 편이다. 늘 지나고 나면 '아~ 그런 거였구나!' 한다.

한참 늦었지만 그래도 이제 알았다. 더위를 해결하는 방법. 그것과 하나가 되는 것이다.

탐, 진, 치

 집 옆의 작은 절에서 봄가을로 산신제를 지낸다. 주지스님은 늘 서울이나 이천의 본 법당에 계시고 여기는 중년의 보살님 한 분이 새벽 출근 전에 잠깐 들러 청소나 기도를 하고 가시면 주인 없는 빈 절은 하루 종일 그곳에 오는 분들이 주인이 된다. 나도 가끔 심심하거나 마음이 복잡하거나 좋은 일이 있거나 하면 아무도 없는 빈 절의 법당 부처님 전에 엎드리곤 한다.

 지난주 토요일 산신제를 지냈다. 내가 직접 하는 것도 아닌데 괜스레 마음이 바빴다. 전날 일하는 중간에 궁금해서 올라가니 보살님이 휴가를 내고 오셔서 혼자 분주하게 이리저리 뛰어 다닌다. 둘 다 말이 없는 편이라서 간단한 안부 인사만 나눈 채 나는 아무 말 없이 그분을 도와 과일을 하나하나 정성껏 닦고 청소를 하고 마당을 쓸었다. 작년에도 했는데…. 주인도 아닌데…. 왜 맘에 동요가 일까? 열심히 몸을 움직이며 마음의 움직임도 관찰했다.

 다음 날 새벽엔 일찍 눈이 떠졌다. 남편에게 오늘 하루는 일하는 것을 쉬겠다고 말 한 뒤, 난 목욕재계하여 몸과 맘을 정갈히 다듬은 다음 서둘러 절로 올라갔다. 밤새 떨어진 산신각에 낙엽을 쓸고 멍석을 깔고, 산신제에 오는 보살님들을 모시기 위해서 기차역으로 향했다. 주말이고 가을이라 차가 막힐 것 같아 기차로 오시는 분들이다. 일 년에 한두 번 보는 분들이라 몇 번 보진 못했지만 느낌으로 서로 알고 반갑게 손을 흔든다. 그분들을 차에 태우고 법당으로 향하는 길, 나이 많은 노 보살님이 기분이 좋으신지 아이처럼 동요를 부른다.
 "가을이라 가을바람 솔솔 불어오니 푸른 잎은 붉은 치마 갈아입고서…."
 연세가 꽤 있어 보이는 할머니였는데 목소리가 가늘고 청이 좋다. 내가 참 잘한다 말하니 한 곡 더 하시겠다 하시며 가수 패티킴의 '9월이 오는 소리'를 10월로 개사하여 불렀다.

"10월이 오는 소리 다시 들으면, 꽃잎이 피는 소리 꽃잎이 지는 소리, 가로수에 나뭇잎은 무성해도 우리들의 마음엔 낙엽은 지고⋯."

이 가을과 어쩜 이리 잘 어울리는지⋯. 맑고 가는 청아한 목소리가 조용히 차 안에 울리자 재잘거리던 목소리가 모두 숨을 죽였다. 노래가 끝나자, 노보살은 차를 태워준 답례로 나를 위해 불러준 노래라고 한다. 순간 뭉클했다. 누가 나를 위해 직접 노래를 불러준 적이 있던가? 어쩌다 가끔 남편에게 투정 부리듯 노래 한 소절 불러달라 하면 가사가 뒤죽박죽인 채, 언제나 전영록의 '내 사랑 울보' 한 소절을 부르곤 끝인데.

패티킴의 낮고 묵직한 목소리도 좋지만, 노보살의 가늘고 조용한 목소리도 맑은 가을 아침에 차창을 통해 뒤로 사라지는 가로수의 단풍과 어우러지며 역에서 절까지 오는 짧은 거리가 잠깐이지만 감동과 행복의 순간이었다.

절에 도착해 여러 팀으로 나눠 각자의 역할에 분주한 가운데 난 이방인이면서 절 밑에 산다는 이유로 모두에게 알음알음 알려져서 이일 저일 도우미 역할을 했다. 이번 산신제엔 상좌스님도 두 분이나 오고 여기저기서 손님들이 꽤 많이 왔다. 예정된 예불이 모두 끝나고 점심은 법당 둘레에 삼삼오오 모여 앉아 소풍처럼 아이처럼 즐겁게 부처님 전에 올렸던 과일과 떡, 김밥 등을 모두 나눠 먹었다.

 오후가 되어 원장 스님과 손님들이 떠나고, 아침처럼 기차역을 오가며 배웅을 하고 나니, 쌍계사로 가실 상좌스님 한 분과 절의 소임을 맡으신 몇 분의 보살님들만 남아 잠시 차담을 나눴다. 스님은 쌍계사에서 템플스테이를 주관하는 소임을 맡아 오시는 분들의 마음속 이야기를 들어주신다 했다.

 스님은 탐(욕심)과 진(화냄, 분노), 치(어리석음)에 대해 차분히 말씀하셨다. 삶에서 일어나는 대부분의 번뇌가 욕심에서 생겨나고, 그 욕심이 채워지지 않으면 이어서 화가 일어난다고, 그리고 그 밑바탕에는 언제나 어리석음이 깔려있다고 했다.
 어리석기 때문에 욕심이 일고 분노가 생기니, 주방의 그릇을 차곡차곡 정리하듯 마음도 정리가 꼭 필요하다고 하신다. 마음에 움직임이 있을 때 그것이 욕심인지 화인지 잘 보고 깔끔하게 정리가 되면 삶은 어지럽지 않다고 말씀하시고 길을 떠나셨다. 가신 뒤 보니 가사와 장삼이 들어있는 가방이 그대로 있다. 다시 왔다 가면서 스님은 우리에게 웃음을 선물처럼 주고 가셨다.

늦은 오후, 모두가 돌아가고 보살님과 둘이 뒷정리를 마저 끝내고, 난 쓰레기를 차에 싣고 집으로 돌아왔다.

 머릿속에 '마음의 정리 정돈'이란 말이 꽉 차서 다른 생각이 들어올 틈이 없는데, 저녁 늦게 퇴근한 남편이 하루 종일 자신에게 신경 써 주지 않아서인지, 일에 지쳐서인지 불편한 심기를 그대로 드러냈다. '밥을 왜 많이 했느냐, 소주가 왜 차지 않느냐, 계란 부침을 하라 했는데 왜 계란말이냐' 등등 아들 내외를 불러 저녁을 먹으며 자꾸 트집을 잡고 짜증을 내며 서로를 불편하게 만들었다.

 같이 맞받아칠 것인가! 그냥 참아 넘길 것인가!

 맞받아치면 싸움이 되겠고, 참으면 병이되는데….

 그때 떠오른 생각. '마음의 정리 정돈'

 '지금이야말로 마음을 정리하는 절호의 연습 시간이다!' 생각하며 이 마음을 어느 쪽에 채워 넣어야 할지 궁리했다.

 '이것저것 모두 잘해 내야 하는데! 하는 마음은 욕심 칸에 넣고, 그래도 오늘은 좀 봐주면 안 되나! 하고 훅 올라온 화는 분노 칸에, 술은 자기만 마시니까 본 인이 차가운 거로 사 오지! 이것도 분노 칸에, 자기 맘도 하나 다스리지 못하면서 누굴 다스리려고! 이것은 어리석음 칸으로'….

 몸은 부지런히 저녁을 준비하면서, 마음속으론 아직 연

습이 부족해 잘 되진 않지만, 마음의 어수선함을 차곡차곡 정성 들여 정리하다 보니 좀 전까지 불쾌했던 마음들이 어디로 갔는지 신기하게 편안해졌다. 그제야 내 눈이 제대로 보인다. 부자지간에 서로 먹여주는 흐뭇함이 보이고, 누워있는 딸아이를 바라보고 연신 '까꿍'을 하며 밥을 먹는 며늘아기의 행복한 미소가 내 눈에 들어왔다.

이즈음

고단한 몸을 침대에 뉘었다. 풀벌레의 노랫소리를 들으며 꼭 감은 눈동자에 힘을 풀고, 하루 동안 움츠렸던 어깨도 숨을 내쉬며 바닥으로 편안히…. 한 호흡에 한군데씩 차례로 머리부터 발끝까지 온몸에 긴장했던 근육들의 힘을 툭 툭 내려놓는다. 온종일 바삐 움직이느라 바라보지 못했던 몸뚱이를 여기저기 바라보며 말없이 고마움을 보낸다. 이렇게 누워서 온몸에 힘을 뺀 편안한 상태를 요가에서는 가장 마지막 동작인 '사바 아사나' 즉 '송장 자세'라 칭한다.

송장처럼 죽은 듯 배만 들쑥날쑥하다가 까무룩 잠이 들면, 몸뚱이 없이 의식만이 움직이는 꿈속 세상이 순식간 펼쳐진다.

 목적도 계획도 없이 순간 이동한 꿈속 세상도 거기에 적응하면 이곳 삶과 같을까? 항상 꿈속에 있었다는 아련한 기억만 남고 깨어나면 정확히 생각이 나지 않는 미지의 세계다. 죽은 후에 세상도 이런 모습이지 않을까? 아침에 눈을 뜨는 동시에 세상이 펼쳐져 있고, 잠에 들면 그곳 세상이 내가 하나씩 펼치지 않아도 한순간에 펼쳐지는 것처럼, 죽은 후에도 몸뚱이 없는 의식 세계가 또 순간 펼쳐지는 건 아닐까? 생각에 빠져 있다가 어느새 잠이 들었다.

 늘 일어나는 시간대인가 보다.
 의식이 꿈속 세상의 문을 닫고, 현실의 문을 연다. 풀벌레의 노래를 감상하려 자기 전 열어 놓은 창문으로 꿈속에선 들리지 않던 그들의 노래가 다시 내 귀에 들리기 시작했다.
 어느 날부터인지 에어컨 켜는 것이 멈췄고, 언제나 남편과 한 몸처럼 움직이던 선풍기의 작동도 멈췄다. 오롯이 가을이 오는 길목을 알려주는 풀벌레 소리뿐이다. 선풍기 바람 없이도 끈적이지 않는 매끄러운 기분 좋음을 느끼며, 눈을 감은 채 더듬더듬 손을 뻗어 코를 고는 남편의 손을 잡고, 다리를 들어 남편의 거친 종아리에 살짝 비볐다. 끈적임 없이 까슬까슬 따뜻하다.

참 기분 좋은 이즈음이다. 춥지도 덥지도 않은. 문명의 힘을 빌리지 않아도 살갗의 매끄러움이 고스란히 느껴지는 이 계절이, 온 듯 간 듯 짧게만 느껴지는 이즈음이다.

완전히 의식이 깨어났다. 눈을 뜨고 다시 돌아온 이곳을 바라봤다. 어제와 별반 차이 없는 날이지만, 분명 다른 오늘이다. 다시 머리부터 발끝까지 잠들 때와 반대로 천천히 힘을 주며 온몸을 살살 움직여 깨운다.
그리곤,
침대에서 내려와 두 발을 딛고 우뚝 섰다.
발바닥으로 전해오는 찬 느낌과 중력으로 인한 몸의 무게가 고스란히 느껴지는 묵직함.
"아, 살아있구나!"
늘 느끼는 거지만, 자고 일어나 두 발이 땅을 잘 받치고 반듯하게 서면, 잠깐이지만 느낌이 묘하다. 죽었다 살아난 느낌이랄까? 나로서는 표현 불가다. 발바닥에서 시작해 온몸으로 퍼지는 에너지가 느껴지면 누구에게인지 나도 모르게 '감사합니다'란 말이 저절로 나온다.
"오늘 하루 어떤 일이 내 앞에 펼쳐지더라도 그저 감사한 마음으로 살아가겠습니다."라고.
오십이 넘어 느지막이 알게 된, 이런 사소한 모든 것에 대한 감사함.

머리로만 이해했던 단어가 가슴으로 내려온 듯하다. 한참 늦었지만, 그마저도 감사할 뿐이다.

남편의 새벽

새벽 4시 반.

시끄러운 소리에 잠이 반쯤 깬다. 남편이 일어난 모양이다. 아파트에서 살 때는 부부가 다른 방을 쓰면 큰일이라도 날 것처럼 같은 방을 고집하더니 시골로 이사 오면서 부부 침실을 2층에, 1층은 아직 같이 살지 않는 어머니 방과 지금은 다 장성해 각자 자기 살림을 하고 있지만 가끔 들러 놀다가는 아이들 방으로 정했다. 바쁘거나 힘들 땐 2층에 오르는 것이 귀찮을 때도 있긴 하지만 개인적으로 난 아무도 올라오지 않는 2층이 조용하고 편안해서 좋은데, 문제는 남편이다.

하루 종일 고된 일과로 녹초가 되어 퇴근한 남편은, 저녁밥을 먹기가 무섭게 곯아떨어지는 게 다반사라 2층까지 오르는 건 엄두도 못 낸다. 더구나 침대에 오르려면 깨끗이 씻어야 한다는 걸로 몇 번 말다툼을 한 터라, 일을 하다 보면 아침 점심을 거를 때가 많아 보상이라도 하듯 저녁엔 많은 양의 식사를 하고 나면 졸음이 쓰나미처럼 몰려오고 그럼 씻는 건 물 건너간다. 저녁을 먹자마자 그대로 소파에 쓰러지거나, 어머니 방으로 들어가 머리가 베개에 닿기 무섭게 코를 곤다. 아마도 30초면 잠이 드는 것 같다. 그러다 보니 자연스럽게 방을 따로 쓰게 됐고 어쩌면 어머님과 합가 할 때까진 그렇지 않을까 싶다.

다음 날 새벽, 푹 자고 일어난 남편은 어제 저녁때와는 반대로 완전 딴사람이 된다. 일어나자마자 음악을 크게 틀고, 여름이고 겨울이고 창문을 연다. 방마다 돌아다니며 선풍기를 틀고, 청소기를 돌리고, 간식으로 먹을 계란을 삶는 등 연신 큰 소리로 노래를 부르거나, 크게 가족들 이름을 한 명씩 부르거나, 이상한 기합을 넣는 등 부산하고 시끄럽게 새벽을 맞이한다. 찬물로 냉수 샤워를 하고 나서 선풍기의 차가운 바람으로 몸을 말리고 차가운 냉수를 마신다. '몸이 차가워야 머리가 맑아진다'는 내가 아는 상식과는 거리가 있는 말로 자기의 생각을 합리화한다.

씻고 주변 정리가 끝나면, 벌거벗은 채 책상에 앉아 전날 있었던 일들과 서류를 정리한다. 자동차 딜러가 본 직업인 남편은 사람 상대하는 일을 꽤 잘한다. 내 성격과는 반대로 기억력 좋고, 사람들과 어울리기 좋아하고, 순간순간 임기응변에 뛰어난 재간둥이인 남편에게 딱 어울리는 직업인 듯싶다. 하지만 성격이 불같고 말이 거칠어 밑에 서류작업을 도와줄 직원을 두지 못한다. 다른 사람 같으면 예전에 직원 한두 명은 두었을 텐데, 자기의 그런 성격을 잘 알아서인지 혼자 일을 처리하려다 보니 일분일초가 아쉬워 동에 번쩍 서에 번쩍 번개처럼 움직이는 홍길동이란 별명이 결코 이상하게 들리지 않는다.

팔고 산 차들의 서류를 정리하고, 수첩에 오늘 하루 할 일들을 빼곡히 적고, 어제 수첩에 썼지만 처리 못 한 것들을 형광펜으로 체크하고 나면 새벽에 혼자 해야 할 일은 끝난다.

하루의 계획표까지 모두 끝나면, 창문을 닫고 음악도 조용한 것으로 바꾼 다음 많은 부분이 반대인 2층에서 자는 나에게 올라온다. 차가운 얼음물 대신 어느 땐 뜨거운 꿀물을, 어느 땐 홍차를 한 잔 타서 손에 들고 "금자", "우리 금자"하고 큰 소리로 부르며 벌거벗은 채 뚱뚱한 몸을 뒤뚱거리며 올라온다.

반쯤 잠이 깬 나는 남편의 발소리를 들으며 잠깐 생각한다. "저 문을 잠글까!" 자기보다 늦게 잠이 드는 난 좀 더 자고 싶은 맘이 언제나 백 퍼센트다. 하지만 문이 잠긴 적은 한 번도 없다. 방에 들어선 남편은 또 선풍기를 틀고, 곤히 자는 척하는 날 억지로 일으켜 자신이 타온 꿀물을 아이 약 먹이듯 먹이곤 늘 자기가 얼마나 자상한 남자인지 셀프 자랑을 한다.

차를 한 잔 다 마시고 나면, 잠깐이지만 한 침대에 눕는다. 내 팔을 끌어다 베개처럼 베고서.
바람이 싫은 난 이불을 머리끝까지 쓰고, 남편은 벌거벗은 몸 그대로 선풍기의 찬바람을 맞으며 말을 시작한다. 어제 어떤 일이 있었는지, 뭘 팔았고 뭘 샀는지, 이 사람은 어떻고 저 사람은 어떤지, 이건 맘에 들었고 저건 불편하고, 카페에 들어갈 재료는 뭘 더 사야 하고 뭘 반품시켜다 할지, 어떤 색을 칠할지…. 혼자 떠든다. 그렇게 하는 건 필시 자기 생각을 더 명료하게 하고, 또 입으로 말을 함으로써 생각을 한번 더 정리하려는 습관일 것이다. 거기에 내 생각과 의견은 전혀 필요지 않다. 처음엔 한 마디씩 대꾸했지만 나중에야 그의 귀에는 내 말이 들리지 않는다는 걸 깨달았다. 남편이 원하는 것은 그냥 자기 말을 들어달라는 것이다. 그럼 난 자면서 대답한다. 음…. 음…. 음…. 대답만 하면 된다. 서로 시간이 잘 맞지 않아 남편과 대화할 시간이 부족한 나에게 남편의 현재 상황을 알 수 있는 소중한 시간인 줄 알면서도 가끔은 귀찮고 너무 졸리면 화가 올라오는 게 느껴질 때도 있긴 하지만 내색은 하지 않는다. 왜냐하면 그 시간이 그리 길지 않다는 것을 알기에.

 그러고 있다 보면 잠이 슬며시 달아난다. 잠이 깨면 남편의 머리 무게로 인해서 저려오는 팔을 바꾸어 다시 잘 받쳐주고, 한쪽 손을 뻗어 남편의 몸을 쓱쓱 문질러준다. 얼음처럼 찬 몸이 왠지 걱정스러워 이불을 당겨 똑바로 누워도 들어가지 않는 배를 덮어 주지만 바로 치워 버린다. 몸이 더우면 심란해진다나….
 이렇게 어제 하루 동안 맘에 담아두었던 말을 모두 다 쏟아내면, 벌떡 일어나 1층으로 내려가 작업복을 입고, 출근복을 챙기고, 서류 가방과 간식 가방을 들고 나가 차에 실어놓곤 개들과 한바탕 달리기 겸 산책을 하러 집을 나선다. 큰일이 있으면 모를까 대부분 이런 일상으로 새벽을 열고 닫음으로써 남편은 또 하나의 새로운 아침을 맞이한다.

 남편이 현관문 나서는 소리가 들리면, 희미하던 정신이 말똥말똥해진다. 난 잠자길 포기하고 작업복으로 갈아입고 운동실로 가 간단히 몸을 풀고 잠깐 자리에 앉는다. 눈을 반쯤 내리깔고 등은 꼿추세우고 반듯이 앉아 남편이 운동을 끝내고 돌아올 때까지 생각을 정리한다.

여기까지 오는 동안 성격이 정반대인 남편과 크고 작은 많은 일이 있었다. 하지만 이전에 내가 어떤 일들을 겪으며 살았는지는 중요하지 않다. 산을 넘어왔건 물을 건너 왔건 평평한 대지를 가로질러 왔건 하등 중요하지 않다. 난 지금 여기에 있다. 지금 문제로 삼으면 과거가 불행으로 여겨지고 과거에 연연하면 지금이 불행해진다.

지금, 이 순간 괜찮으면 과거도 괜찮고 미래도 괜찮다는 걸 나이가 들면서 터득한 나만의 소중한 지혜다.

오유지족(난 오직 만족할 줄 안다).

지금 나에게 무엇이 더 필요한가? 아무것도….

그래! 난 지금 이대로 충분히 괜찮다.

물기를 닦다가

    샤워를 마치고 물기를 닦다가 거울을 보았다. 한참을 서서 거울 속의 나를 빤히 바라보았다. 얼굴 구석구석 천천히 자세히 바라보다 마지막으로 눈동자에 시선이 고정됐다.

    한참을 바라보다 물었다.

"너는 누구니?"
"너는 누구니?"
  ……

몇 번을 물어보았다. 쉽게 답을 찾지 못하고 그냥 가슴이 먹먹해져 왔다. 말똥말똥했던 눈동자가 흐려졌기 때문일까? 아니면 보고도 선뜻 누군지 대답을 못 하는 답답함 때문일까? 아니면 굳이 거울을 보지 않아도 온몸에서 느껴졌던 젊음의 기운이 느껴지지 않아서일까?

이유는 모르겠다. 가만히 바라보며 묻노라니 슬며시 눈 속에 이슬이 맺혀 시야를 가린다.

눈물을 훔치고 거울 속의 눈동자를 바라보며 다시 물었다.

너 누구니?

슬쩍슬쩍 겉모습의 좋고 싫음을 비춰 볼 때와는 완전히 다른 느낌이다.

낯설다. 거울 속에 비친 내 모습이 낯설다. 이 모습이 당연히 나라고 믿고 오십 중반을 살아왔건만 왠지 낯설다.

바라보는 나, 비춰진 나, 거울에 안 보이는 나, 생각 속의 나. 이도 저도 빼고 그냥 아는 나.

내가 누굴까?

진짜 나는 어떤 것일까? 물기를 닦다가 화두를 만들었다.

오늘 저녁은 수제비

"앞으로 어떻게 살 거예요?"
"잘 모르겠어요. 그래도 이건 알죠."

"모든 순간을 즐기며 살 거라는 것."

비정규직 음악 선생님 '조'. 정규직의 기회가 오지만, 본인이 꿈꾸는 인생을 바라며 기적같이 찾아온 재즈밴드에 들어갈 기회를 얻고 신나서 돌아가던 중 맨홀에 빠져 '태어나기 전'의 세상으로 가게 된다.

그곳에서 전생에 자신의 삶이 행복하지 않았다는 것을 알았음에도 불구하고, 그토록 갈망하던 재즈밴드의 무대에 서고자 그곳을 탈출하려 노력하던 중, '영혼22'를 만나 그의 멘토가 되어 다시 지구로 돌아가고자 갖은 애를 쓴다.

'영혼22'는 그곳에서 가장 오래된 영혼이며, 어떤 멘토를 만나도 별 의미 없는 지구에 다시 태어나고 싶은 생각이 없는 꿈과 희망이 없는 무기력한 영혼이었다. 조와 영혼22는 서로 본인에게 득이 되는 합의를 하게 되고, 영혼22의 도움을 받아 지구로 돌아온다.

하지만 영혼22는 조의 몸에, 조는 고양이의 몸으로 바뀌어 돌아오며, 조는 고양이로서 자신의 모습을 객관적으로 보게 되고, 영혼22 또한 조의 몸으로서 지구의 삶을 직접 체험함으로써 삶에 아름다움과 놀라움을 체험한다.

우여곡절 끝에, 마침내 자기 몸으로 돌아와 그토록 갈망하던 재즈 무대를 성대히 마쳤지만, 자신에 삶의 목적과 행복이 단순히 '음악'만이 아니라, 별 볼일 없어 보이는 소소한 일상과, 자신을 아껴주는 주변 사람들과, 행복한 기억에서 시작된다는 것을 깨닫게 된다. 이 계기로 새롭게 인생을 시작하게 되고, 영혼22 또한 '태어나기 이전' 세상에서 지구에 새 생명으로 태어난다. 디즈니 픽사의 영화 애니메이션 〈소울〉의 이야기다.

나 또한 늘 내 어딘가가 부족하다고 느껴져 공허하고 허전함을 느낀다. 이생이 다하기 전에 내게서 부족한 뭔가를 채워놔야 한다는 강박관념이 있었다. 그것이 확실히 뭔지도 모르며 이것저것 붙잡고 불꽃을 피우려 애썼다. 내 삶의 목적과 열정이 무엇인지 늘 여기저기 기웃거렸다. 그러다 이 영화 속의 주인공 조의 눈 속에서 전도몽상된 나 자신의 삶을 돌아봤다.

목적을 찾아 열정적으로 살아내는 것만이 훌륭한 삶이 아니라, 모든 일상이 있는 그대로 삶이며 아름다움이며 행복이라는 것을….

숲 속에 퍼지는 바람 소리, 하얀 뭉게구름, 손끝에 닿는 차가운 물과 '슥슥' 소리를 내며 깎여 나가는 감자껍질, '똑똑똑' 호박 채 써는 소리, 탱글탱글하고 말랑하고 찰진 밀가루 반죽의 감촉, 보글보글 끓는 구수한 냄새….

"저녁먹자." 소리에 모두모인 가족들. 모두가 좋아하는 수제비. 흡족한 표정들.

모두 여기에 있었다.

내가 너를 죽였어

네가 알고 있는지 잘 모르겠지만 한 3년 전부터 난 너를 죽이는 연습을 했어. 처음엔 정말로 하고 싶지 않았어. 방법도 잘 모르겠고, 시간도 없고, 귀찮기도 하고…. 하지만 언제까지 그렇게 끌려다니며 살 순 없었어. 누구를 죽이는 게 뭐 그리 쉬운 일은 아니잖아. 그래도 꾸준히 연습하니 이젠 죽이고도 마음이 복잡하지 않아.

내가 너를 처음 죽인 건, 아마도 무슨 안 좋은 일이 생기거나 스트레스를 받을 때마다 남편 때문이라고 뒤에서 남편을 향해 손가락질하는 아이 엄마였어. 그녀는 늘 모든 일을 남편 탓으로 돌리는 습관이 있었지. 또 언젠가는 남들처럼 열심히 공부하지 않아 자신의 삶이 요 모양이라며 지혜롭지 못하고 게으른 자기 자신을 학대하는 아가씨를 죽였고, 오랜만에 집에 온 살찐 아들을 보고 어려서 잘 먹는 게 최고라 여기며 뭐든 아이 입에 넣어 살찌게 만든 것이 무식한 본인의 책임이라고 자책하는 아이 엄마도 죽였어.

그리고 늘 자기는 착해서 다른 사람들의 얘기를 모두 들어줘야 하고, 싫어도 싫다고 말할 수 없다며 착한 사람 코스프레를 하고 있는 여자도 죽였어.

너를 죽였다고 네가 아주 없어지진 않더라고. 넌 부활의 달인이지. 내가 잠시라도 한눈을 팔 때면 번개같이 내 머리 틈에 비집고 들어와 내 눈과 귀를 막고 날 너에게서 꼼짝 못 하게 만들곤 하지. 천재 사기꾼 같은 너는 그곳이 태초의 고향인 양 나를 안주하게 만들곤 해. 네가 휘두르는 모양 없는 지휘봉 따라 여름날 태풍에 사정없이 흔들리는 나뭇가지 모양으로 정신없이 휘둘리다 문득 깨어나선 너의 지휘봉에 맞춰 춤을 춘 자신을 보며 혀를 차곤 하지.

난 오래전 과거도 죽였고 어제도 죽이고, 방금 전의 과거도 죽였고, 상상 속도 죽였고, 미래도 죽였어. 꾸준히 연습하는 자 이길 장사 없다더니 이 죽이는 것도 연습을 하니 눈 깜빡할 순간에 사라지게 만들 수도 있더라고.

내가 너를 쉽게 처리하자 넌 발악하듯 교묘한 방법으로 내 정신을 쏙 빼놓고 몰래 구경하지만 이젠 그런 너도 금방 찾아내 순식간 없애 버리고 회심의 미소를 지을 만큼 힘이 강해졌어. 아직 한참 더 연습에 연습을 더해야 하지만…. 이 정도도 뭐 사는 데 지장은 없어. 많이 편안해졌지.

어떻게 그럴 수 있냐고? 이건 비밀인데…. 바로 앞의 대상을 잘 바라보는 거야. 그냥 있는 그대로 '생각'이라는 게 달라붙지 않은 상태로 그냥 바라보는 거야. 그냥 들을 뿐이고, 그냥 느낄 뿐이지. 넌 그림자고 번개고 꿈이고 이슬처럼 왔다 가는 허깨비 같다는 걸 이제 알았거든. 생각이란 너의 실체가 허깨비인 줄 모르고 너에게 휘둘리며 괴로워했지만, 너의 실체를 알고 나니 네가 내 머릿속에서 곁눈질하며 내가 네 속에 빠지길 바라는 모습이 다 보여 웃음이 나. 가끔은 그냥 따라가 주기도 하지. 네가 아주 떠나면 좀 심심하기도 하거든.

나 이제 오롯이 나로만 살려고 해. 바보처럼 네가 이끄는 대로 과거로 미래로 휘둘리며 정신없이 살고 싶진 않

아. 흐르는 시간에 발맞춰 순간순간 진짜 내 삶을 살 거야. 생각 속에 갇혀 살다 보니 눈 앞에 펼쳐지는 감동과 아름다움과 감사함 들을 모두 놓치게 돼.

　이제 머리 중심이 아닌 가슴이 중심이 되는 삶을 살아볼 거야. 직접 삶과 마주하며 있는 그대로의 모습을 보고 듣고 느끼며 살 거야. 괴로운 일이 생기면 그 괴로움과 하나가 될 거고, 즐거운 일이 있어도 그저 말없이 바라보며 즐거움에 빠져 모든 걸 잊는 그런 어처구니없는 일은 이제 하지 않을 거야. 그리하여 팽팽한 너의 근육이 말랑말랑해지면 그때 우리 다시 하나가 되어 이 삶을 끝까지 잘 마무리해 보자. 너도 곧 나니까.

개구리와 뱀 그리고 깨달음

2층으로 오르는 계단 유리창엔 오르내릴 때마다 읽는 문구가 있다.

인생이란!
알 수 없음. 모름이 진실이다.
불확실성, 결론 없음이 진실이다.
혼란과 혼돈 그 자체이다.
이것들이 편안함으로 다가올 때
비로소 진리와 가까워지는 것이며
아름다움이며 해탈 열반이다.
모름지기 성인은 모름이 편안해져서 아무런 문제가 없는 것이다.

오전 일을 끝내고 차로 5분 거리에 있는 집으로 돌아오는 길. 작년에 4대 강 사업의 하나로 일터에서부터 집 주변의 동네를 가로지르는 작은 냇가는 꽤 넓은 하천으로 잘 정비되었다. 하천이 정비되면서 옆으로 작은 농로도 같이 만들어졌고, 덕분에 차가 많은 넓은 길로 다니지 않아도 되었으며, 자전거 타는 것을 즐기는 사람들과 산책하는 사람들이 꽤 늘었다.

　아침저녁 집과 일터를 오가는 이 길이 참 좋다. 이른 아침엔 스멀스멀 공중으로 오르는 물안개가 장관이며, 낮엔 온갖 새들의 식탁 겸 놀이터 겸 만남의 장소이며, 눈이 가는 곳마다 가을 냄새 물씬 풍기는 풍광은 다른 멋진 곳을 찾아 여행하고 싶은 생각이 전혀 나지 않을 만큼 호젓하고 평화로운 이 농로는 볼 때마다 나만을 위한 공간인 것 같은 착각이 든다.

　지난주, 이 멋진 농로 위에서 말 못 할 비밀을 만들었다. 생각만 해도 몸서리쳐지는 비밀이다. 그날 늦은 아침, 일에 필요한 자재를 사기 위해 평상시보다 빠르게 운전하는데, 한쪽 풀숲에서 개구리 한 마리가 보기보다 높게 뛰어올라왔고 그저 '개구리가 지나가는구나!' 생각했다. 나와 거리가 좀 있어 '충분히 지나가겠지' 싶어서 속도를 줄이지 않았다.

바로 그때, 개구리 뒤로 머리를 번쩍 치켜든 뱀이 개구리를 쫓아 도로 위로 올라왔고, '어머머'하는 사이 브레이크 밟을 틈도 없이 그대로 지나쳤다. 백미러로 뒤를 보니 뱀이 온몸을 비틀며 요동치다가 곧 고요해졌다. '치었구나!' 순간 내 입에선 '관세음보살 관세음보살….'가볼 엄두도 못 내고 제자리서 백미러만 보며 '자비를 베푸소서! 자비를 베푸소서!'

한참을 멍하니 있다가 범인이 범죄 현장에 다시 오듯 차를 돌려 그 자리에 가보니, 세상에…. 도망간 줄 알았던 개구리까지. 왼쪽 바퀴엔 뱀이 오른쪽 바퀴엔 개구리가…. 난 망연자실했다.

그대로 두면 다른 차들에 계속 밟히겠다 싶어 뱀은 왼쪽 풀숲에 개구리는 오른쪽 풀숲에 옮겨 자연으로 돌아가길 기도했다. 그날 오후 내내 우울했다. 머리를 곧추세우고 개구리 뒤를 쫓던 뱀과, 꽁지 빠지게 달아나던 개구리와, 바퀴에 밟혀 온몸을 비비 꼬며 괴로워하던 모습이 눈에 아른거렸다.

왜 하필 그 둘이 내 차 앞으로 뛰어든 걸까?

왜 하필 둘이 같은 시간에 유명을 달리했을까?

그 둘이 나와 무슨 인연이 있는 것은 아닐까?

생각이 꼬리에 꼬리를 물고 일어나 힘든 오후였다

그러다 문득 깨달았다.

부처님 법문에 생과 사가 동시에 존재한다고 하는 말이 도대체 뭔 말인지 이해할 수 없었는데 이 일을 겪고 확실히 알았다.

아침이 밝았다는 것은 굳이 말을 안 해도 저녁이 온다는 것을 알 수 있고, 여름이 왔다는 것은 겨울도 함께 한다는 것을, 태어남 속엔 이미 죽음도 같이 연기되어 일어난다는 것을….

머리로만 이해되던 것이, 온 힘을 다해 쫓고 쫓기던 두 생물이 생에서 순간 사로 변하는 것을 보고 깨달았다.

한 치 앞을 알 수 없고, 모름이 진실인 삶에서 되돌아보며 가슴 치지 않도록 살아야지, 어느 것에도 결론에 집착하지 말아야지, 생의 모든 것이 선택으로 이루어지는 삶에서 물처럼 막힘없이 흘러가야지. 머리를 쥐어짜며 살아가든, 그때그때 인연 따라 물 흐르듯 살아가든, 삶은 한 번도 멈춘 적이 없이 시간과 발맞춰 계속 흐르고 있으니까. 내 손에 죽은 것이 어디 뱀과 개구리뿐이었겠는가. 나도 모르게 내 발길에 밟혀 죽은 수가 얼마이며, 내 손길에 죽은 파리와 모기들은 또 얼마이며, 샤워 한 번으로 죽어 나간 내 몸에 기생하던 바이러스며, 타올 질에 떨어져 나가는 보이지 않는 세포들은 또 얼마일까? 그것들은 너무 작아 내 생각이 미처 그것들의 비명을 듣지 못했을 뿐이며, 뱀처럼 큰 생명체는 눈에 크게 보이기 때문에 잔상이 남았을 뿐이다.

 어찌 됐든 멀 게만 느껴졌던 내 죽음도 내가 태어나는 순간 내 삶 속에 이미 같이 존재하고 있었으니 그리 놀라울 것도 슬퍼할 것도 없는 지극히 자연스러운 삶의 한 부분일 뿐이다.
 그래도 난 내 삶을 신중하게 선택하며 살 것이고, 선택에 대한 결과에는 집착도 미련도 두지 않도록 노력할 것이다. 내 생이 다하여 이 세상을 마감할 때 벌거숭이로 태어난 것처럼 훌훌 벗어 던지고 아무런 흔적 없이 내가 태어난 자연으로 돌아가길 나는 원한다. 뱀과 개구리처럼 빈손으로 홀연히.
 알 수 없다. 알 수 없다.

앎

 밖을 보니 눈보라가 치고 있었고, 누구 도움 없이는 한 뼘도 돌려 앉을 수 없는 나무들은 이리저리 후려치는 바람에 몸을 내맡긴 채 울음을 쏟아내고 있었다. 새벽부터 강추위가 온다고 안전 문자가 오고 있었고, 요 며칠 봄 날씨 같았던 관계로 더 춥게 느껴지는 듯했다
 '일어날 것인가, 이대로 저녁까지 누워 있을 것인가!' 잠시 망설이다 벌떡 일어나 점퍼를 뒤집어쓰고 냅다 차를 달려 운동장으로 갔다. 평소엔 서너 명쯤 운동하던 사람들이 추위 때문인지 아무도 보이지 않는 텅 빈 운동장을 걷기 시작했다. 유튜브에서 가르쳐준 바른 걸음걸이를 연습하자는 생각에 바람에게 몸속 온기를 빼앗기기 싫어 잔

뜩 웅크렸던 어깨를 활짝 펴고 턱을 들어 정면을 바라보며 체중을 뒤꿈치에서 시작해 발가락으로 땅을 밀고 힘차게 앞으로 나갔다. 눈보라가 얼굴을 때렸고 눈 속에 눈이 들어가고 바람은 나의 짧은 머리카락을 이리저리 헤집으며 산발을 만들었다.

내린 눈은 차가운 날씨 탓에 바닥에 붙어있지 못하고 무더기로 바람을 따라 동으로 서로 사방을 날리는 모습이 힘차 보였다. 속눈썹 끝에 매달린 눈이 마스크 위로 빠져나오는 입김에 녹아 눈 속으로 스며들었지만, 고개를 숙이지 않았다. 개선장군처럼 꼿꼿하게 머리를 들었다. 바람은 차고 가슴은 시원하다.

불현듯, 눈앞으로 포도송이같이 굵은 함박눈을 받아먹으려 머리를 하늘로 제쳐 작은 입을 한껏 벌리고 마당을 돌던 어린 내가 지나가고, 학교 가는 길에 집에서 몰래 가져온 고구마를 돌아오는 길에 먹으려 눈 속에 파묻던 내가 지나가고, 어린 아들들의 손을 끌고 비료 포대를 들고 산으로 오르던 젊은 엄마였던 내가 지나가고, 우아한 척 예쁜 우산을 쓰고 눈 속에 서 있었던 내가 눈앞 어딘가에서 떠올랐다 사라져 간다.
우습다.

갑자기 영화 '매트릭스'의 주인공 레오가 먹었던 빨간약을 나도 먹고 싶단 생각을 했다. 그 약을 먹으면 어느 곳이 진실 된 공간인지 알 수 있을까? 지금 눈 속을 걷고 있는 이곳이 진짜일까! 아님 생각 속에 지나가는 그곳이 진짜일까? 진짜가 있기는 한 것일까? 찰나, 찰나, 지나가는 시간과 공간 속에 진짜인 내가 과연 있기는 한 걸까?
알 수 없다.

참 좋은 시간이다. 아무도 없어 좋고, 눈이 와서 좋고 바람이 세차게 불어 좋고 이런 시간에 걸을 수 있다는 것이 좋다.
깃발이 푸덕푸덕 세차게 울어대고. 깃발을 잡고 있는 긴 줄이 바람을 탓하며 깃대를 때리는 소리가 요란하다. 운동장을 뒹구는 잘못 들어온 낙엽 몇 개는 자신이 축구공인 양 바람의 발길질에 이리저리 골문을 찾아 뛴다.

이 모든 걸 나는 보고 듣고 느낀다, 그리고 또 보고 듣고 느낀다….
그리고 보고 있고, 듣고 있고, 느끼고 있다는 것을 안다. 안다, 안다, 알 뿐이다.
그곳에 나는 없다. '앎'이 있을뿐.

여행을 떠나기 전에

 새벽에 눈을 뜨니 남편은 벌써 나가고 없다. 어젯밤 피곤함에 찌든 모습에 반쯤 감긴 눈을 하고 맥주를 마시며 혼자인 듯 내가 들으라는 듯 중얼거렸던 말이 떠올랐다.
 "제주도 가기 전에 커피숍 들어가는 현관에 쓰일 자재 사러 새벽에 다녀와야 하는데…."

 나도 마음이 바빠졌다.
 내일모레 제주도로 막내 내외와 손녀와 여행을 가기로 했다. 내가 지나가는 말로 '죽기 전에 백록담 한번 가보고 싶다'고 했던 말이 막내의 마음에 걸렸던 모양이다. 하지만 실제로 이루어질 줄은 몰랐다. 남편은 지금은 놀러 다닐 때가 아니라며 60살이 될 때까진 여유가 없다고 궁시렁댔다. 그래서 우리끼리라도 다녀오겠다 했더니, 5일 전에야 갑자기 함께 가겠다고 한다. 막내 내외는 맘이 급해졌다. 아직 돌이 안 된 아이를 데리고 멀리 여행을 해본 경험도 없거니와 한라산을 사진으로만 봤지 실제로 가본 사람이 가족 중엔 한 사람도 없었다. 과연 한라산에 오를 수 있을지 걱정되는 모양이다.

나 또한 친구들과 떠날 땐 부담이 없었는데 아이들과 남편과 아기까지 있으니 긴장 반. 기대 반이다.

습관이란 무섭다.

처음 비행기를 탈 때에는 내 애가 중 고등학생이었다. 내 여행은 늘 남편과의 사이에 문제가 생길 때 가곤 했던 것 같다. 내 첫 가족여행도 남편과의 사이에 문제가 생기고 그것을 무마하는 방법으로 가족여행을 택했었다. 언제나 여행을 쉽게 허락하지도 않고, 여행하면 생기는 문제점을 조목조목 따지는 남편의 가스라이팅으로 '여행'하면, 난 늘 주눅이 들었다. 그런 무거운 마음을 이기고 여행을 떠난다는 것을 남들은 모른다. 새로움을 두려움으로 받아들이는 나만의 문제였고, 그래서 어렵지만 해내야만 하는 숙제처럼 여겨졌다.

어찌 됐건 남들은 못가서 안달인 여행을, 난 나와 싸우며 여행을 간다.

그래서인지 여행을 떠나기 전에 집 안을 정리한다. 남편 말대로 정말 돌아오지 못할 상황이 생길 수도 있을 것 같고, 그런 상황에 대비해 내 주변 정리를 깨끗이 해놔야만 될 것 같은 느낌이 든다. 그리고 남아있는 사람을 위해 몇 가지 반찬을 해 놓는다.

그런 복잡한 마음을 정리하는 최선의 방법이 내겐 청소다. 난 내일 떠날 것을 생각하며 모든 이불을 세탁기에 돌리고 장롱 속에 어지럽혀진 옷가지와 서랍장을 열어 어수선하게 정리되지 않은 물건의 열을 맞췄다. 그리고 모든 쓰레기통을 비웠다.

오늘 세탁기와 건조기는 하루 종일 일을 해야 할 것이다. 여행을 떠날 때면 생기는 이상한 습관 때문에.

이번 한 번만 더 믿어보기로 했다

 마지막으로 한 번만 더 남편의 말을 믿어보기로 했다. 세상에 만들어진 모든 것은 변한다는 걸 잘 알면서도 남편과의 이 약속은 내가 죽을 때까지 만이라도 변하지 않았으면 하고 속으로 바랐다.

 6개월 전부터 친구들과 해외여행을 가기로 약속을 했다. 10년 전 친구들과 처음 해외여행을 시작하면서 우리 모두가 아프지 않고 건강하게 다닐 수 있는 기간이 많이 남지 않았으니 1년에 두 번은 가자고 했다. 하지만 생각대로 되지 않아 1년에 한 번 빠듯이 다니다 코로나로 몇 년을 쉬었고, 작년 봄에 다녀오고 다시 1년 반이 지나 이번에 가게 된 것이다.

　나에게 여행이란 불편하고 불안한 존재이며, 꼭 해야만 하는 숙제 같은 존재다.
　아이들도 다 커서 내 손이 필요치 않고, 살림살이도 이제 어느 정도 궤도에 올라서니 친구들과 만날 때면 으레 여행 이야기가 자주 화제로 떠오르고, 또 혼자 늙어 가는 것보다 친구들과 함께하는 것이 육체적으로나 심적으로나 건강하다 말하니 내 맘도 슬그머니 그쪽으로 기울었다. 반면에 남편은 아직 여행은 시기상조라고 말하며, 여행 다니는 것이 못마땅함을 넘어 그게 누구든 지적을 하고, 텔레비전에서 하는 여행 프로그램도 보지 않는다.
　친구들과 여행이란 말이 오가면 얼굴은 웃으면서도 맘 한쪽엔 불안감이 엄습해 온다.
　남편이라는 높은 장벽이 가로놓여 있기 때문이다. 그 벽을 넘기가 너무 어렵고 힘에 부친다. 그 벽을 힘겹게 넘어 여행을 떠나는 날, 즐겁기보다는 맥이 풀려 주저앉고 싶어진다. 가서도 마찬가지다. 눈은 즐거움에 웃지만, 머릿속은 돌아가서 다시 부딪혀야 할 벽 생각에 불편하다. 처음 여행을 시작할 때부터 여행이란 말만 나오면 늘 머릿속에 이혼이란 단어를 한쪽에 쟁여두고 떠나길 반복하지만 언제나 처음인 것처럼 쉽지가 않다. 어느 해인가 여행하는 문제로 서로 사이가 좋지 않았고, 내 딴엔 식당에서 저녁을 먹으며 풀어볼 요량으로 대화를 시도했다가 남편의 목소리가 얼마나 컸는지 꽉 차 있던 손님이 다 나가고 우리뿐이었다. 식당을 나오는데 뒤통수가 어찌나 뜨거웠던지…. 그럼에도 나는 다음날 떠났다.

여행 가기 한 달 전에 여행을 간다고 말했다. 한바탕 남편의 일방적인 공격이 시작되었고, 이삼일 지나자 그새 잊었는지 다시 예전처럼 밝고 명랑해졌다. 일주일을 남겨두고 일주일 뒤에 떠난다 하니 또다시 목소리가 올라가고, 끝내는 대화가 단절되었다. 가기 전날 집안 곳곳을 치우고 청소를 했다. 행여나 집에서 밥을 먹으려나 하고 찬을 만들어 냉장고를 채우고 과일을 썰어 통에 넣었다. 그날도 우린 말이 없었다.

가는 날 새벽, 전날 비가 억수같이 내려 일하던 곳이 걱정되어 가보니 뒷산 골짜기에서 흘러내린 물이 넘쳐 창고로 흙이 쓸려 내려와 진흙 범벅이었다.
"아~~ 떠나기 참 힘들다…."
물에 잠긴 공구들을 마른 곳으로 대충 치우고 집으로 돌아와 출근하는 남편을 배웅하러 나갔지만 야속하게도 눈길 한번 주지 않고 쌩하니 가버렸다. 서글픈 맘을 추스르며 모든 것을 그대로 남겨두고 여행길에 올랐다. 공항으로 가는 버스 안에서 가족 톡 방에 여행을 다녀 오마하고 문자 하나만 남겼다.

중국 구채구의 절경은 정말 죽기 전에 가 봐야 할 곳이라는 말에 손색이 없을 정도로 말로 표현 못 할 만큼 놀랍고 웅장했다. 얼마만큼의 인고의 시간을 참고 견뎌야 이런 비경이 만들어지는 걸까? 기껏해야 100년 사는 것도 이렇게 힘들다고 아우성인데…. 나도 끝까지 참아내면 내 인생이 입이 벌어질 만큼은 아니더라도 '음~, 잘살았다' 하고 고개를 끄덕일 만큼은 되려나! 아무튼 바라보고 있으니 감탄만 나올 뿐이었다.

멋진 자연을 보니 또 가족이 생각났다. 같이 보고 같이 느끼면 더 바랄 것이 없다고 생각하는 것은 내 욕심인 줄 알면서도 사진만이라도 보여주고 싶은 맘에 사진 몇 장을 골라 가족 톡에 올렸다. 하지만 돌아온 남편의 답은, 나를 다시 여행 오기 전 답답하고 쓸쓸한 상황으로 되돌려 놓았다.

'여기에 사진 올리지 마!...'

남편이 보낸 이 짧은 한 줄로 소심한 성격의 나는 현장에서 느끼는 눈과 귀의 즐거움과 집으로 돌아가는 시간이 다가옴에 따른 불안함과, 돌아가서 해결해야 하는 불편함이 공존하는 이상한 여행을 하게 되었다.

 구체구의 여행은 다른 곳과는 달리 자유시간이 주어지지 않았다. 걷고 또 걷고 늘 새벽에 출발해서 밤늦게 호텔에 들어와 씻고 자기에 바빴다. 그래서 그나마 다행이었다. 만약 휴식 시간이 많았다면 맘이 더 복잡했을 것 같았다. 흙 범벅인 창고와, 싸늘한 남편의 시선이 자꾸 떠올라서.

 6일째 집에 돌아왔다. 오며 생각했다. 이번이 마지막이다. 무슨 수를 내야 한다. 쓸데없이 마음에 스트레스를 주는 이 상황을 정리해야만 한다.
 내가 선택한 사랑하는 사람을 더 이상 불편해하고 싶지 않았고, 여행을 떠날 때마다 벌어지는 웃기지도 않는 이런 모습을 더 이상 아이들에게 보여주고 싶지 않았기 때문이다.
 밥통을 여니 곰팡이가 하얗게 피어 내가 없었던 자리를 알려주고 있었고, 냉장고 안의 모든 것도 그대로 손도 안 댔다. 주섬주섬 다시 정리한 후에 말 한마디 없는 남편과 저녁을 먹고 대화를 하고자 붙들어 앉혔다.

하지만 남편은 내가 본인을 설득하지 못해 그런 거라고 모든 잘못을 나에게 돌리곤 화를 못 이겨 씩씩거릴 뿐 내 말을 들을 생각이 전혀 없어 보였다.

그렇게 여행에서 돌아와서도 냉전 상태가 계속되었고, 며칠 후 난 동사무소를 찾았다. 두근거리는 심장을 다독이고, 행여 누가 나에게 어찌 왔는지 묻지 않기를 바라며 서류가 놓여있는 곳으로 가 이혼 신고서를 찾아 다섯 장을 들고 도망치듯 나왔다. 늘 여행할 때마다 이혼할 각오를 하고 간다고 말은 했지만 진짜 서류를 들고나온 것은 처음이었다.

집에 돌아와 차근차근 읽어가며 이혼서류에 이름을 쓰고 핸드폰으로 서류 작성하는 방법을 뒤적거렸다. 갖춰야 할 서류가 뭐가 그리 많은지 결혼할 때는 신고 한 번이면 됐는데. '아, 이혼도 쉬운 게 아니구나!'

저녁에 들어온 남편은 많이 힘들어 보였다. 바로 전날 시동생이 빗길에 차 사고가 났다. 그 일 또한 남편 몫이다. 남편이 나서야 수습이 되고, 사고 난 차도 처리가 된다. 남편은 나와의 일에, 시동생 일에, 자기 일에, 커피숍 일에, 수해 복구에 처리해야 할 일들이 이중삼중으로 몸과 맘을 옥죄며 일 감옥에서 꼼짝할 수가 없었다. 정말로 앞일은 아무도 예측하지 못하는 것이 맞구나 하는 생각이 들었다. 난 남편이 몹시 안쓰러워 보였지만 못 본 척 고개를 돌렸고, 일하는데도 따라나서지 않았다. 난 오로지 내 일만 했다. 시댁도 자식도 남편도 모두 잊고 오로지 내 하고 싶은 일만.

그렇게 며칠이 지나 내가 이혼서류를 내밀기 전 드디어 남편이 백기를 들었다.
난 내가 마음먹은 것을 굽히고 싶지 않아, 여기서 우리의 관계를 정리하자 말했다.
하지만 남편은 미안하다고. 딱 한 번만 더 믿어달라 했다.
난 조건을 내세웠다.

내가 어디를 가든 웃으면서 보내줄 것.
다른 사람 앞에서 날 무시하지 않을 것.
내가 무슨 일을 하든 비아냥거리지 않을 것.
시댁이라는 울타리에서 자유롭게 해줄 것.
자주 여행 다닐 것.
한 달에 하루는 쉴 것.

30년을 그렇게 살았으니, 쉽게 고쳐지지 않을 거라는

건 알지만, 남편은 모두 할 수 있다고 장담했다. 그리곤 머쓱할 때마다 하는 특유의 웃음을 날리며 땀내 풍기는 몸으로 날 꽉 끌어안으며 화해를 청했다.

이번 한 번만 더 믿어보기로 했다.

나는 괜찮다

 남편이 나의 허벅지를 베개로 삼아 잠이 들었다. 날 파리들이 더운 날씨 때문인지 몸의 열기 때문인지 곤히 자는 남편 얼굴의 눈과 코와 귀에 들어가려 극성을 부린다. 난 날아드는 날 파리를 손수건으로 쫓으며 부채질을 했다.

 지난달 나 혼자 중국 구체구를 다녀오면서 일어났던 불편한 관계를 극복하고자 적어도 한 달에 한 번은 쉬자는 약속을 오늘 남편이 지켰다.
 어제 갑자기 내일 하루 쉬겠다며 어디든 가자고 말을 꺼낸 남편.

'어디를 가야 하나⋯.' 둘이 여행을 가는 건 6개월 만이다. 6개월 전에 하루 코스로 기차를 타고 목포를 다녀왔었다. 전에도 늘 그랬고, 그때도 기차 안에서 한 달에 하루는 쉬자고 손가락을 걸고 손바닥으로 사인까지 했지만, 다음 달이 되면 핑계를 대며 쉬는 것을 꺼리게 되고, 그럼 그다음 달부터는 아예 쉬는 건 남편의 머릿속에서 사라진다.

난 다음날 있던 약속도 다 미루고 어디를 갈지 구상했다.

여름 한낮의 뜨거운 햇빛과, 한낮의 차에서 올라오는 열기가 4~50도에 육박하는 차 사이를 오가며 고객에게 자동차를 보여주다 보면 온몸은 하루에도 몇 번씩 젖고 마르기가 당연한 일이다. 매일 벗어놓은 옷에 하얀 소금기가 나이테처럼 줄이 쳐진 모습이 그 뜨거운 현장을 대변한다.

남편의 덥다는 여러 말보다 소금으로 얼룩진 옷이 일하는 곳이 얼마나 더운지 내게 답을 한다. 그런 남편은 퇴근하면 늘 꽁꽁 얼린 맥주잔에 살얼음 언 맥주를 따라 벌컥벌컥 들이켜는 것으로 더위를 잘 이겨낸 본인의 몸에게 보상을 해준다.

이런 직업을 가진 남편을 데리고 이 뜨거운 날씨에 어디를 가야 편안해할까? 고민을 하다 계족산 황톳길을 걷자고 제안했다. 운동도 할 겸, 아무리 더워도 운동화를 고집해서 생기는 습진으로 고생하는 발에 해방감을 줄 겸 겸사겸사 거기로 정했다.

하루 쉰다고는 했지만, 아침에 고객이 연락이 와서 해결하고 계족산에 오니 10시 반이다. 개장이 9시라 그 시간에 맞춰 가려 했는데 살짝 틀어지긴 했지만, 이곳에 왔다.
산에 오르기 전에 아침 겸 점심으로 주변에 있는 보리밥집으로 갔고, 음식을 보니 식탐이 많은 남편의 습관이 슬금슬금 발동이 걸린다.
많이 먹으면 몸이 무거워져 산에 오르기 불편하니 허기만 채우길 바라는 것은 내 맘이고, 남편은 그럴 생각이 전혀 없다. 막걸리도 한 사발 마시고, 보리밥도 맛있게 두 공기를 뚝딱 해치운다.
'아! 이제부턴 모든 게 내 일이다.' 남편은 먹는 즐거움 속에 묻어오는 검은 그림자를 그때는 장님이 되는지 보질 못하고 마냥 흥에 겹다.

식당을 나오며 오늘 나에게 운전을 시키지 않겠다는 약속은 물 건너갔고, 운전대는 자동 나에게 넘어왔다. 계족산 입구는 아직 도시화가 되지 않은 마을이었다. 남편 말이 중학생 때 와보니 이곳 주변이 커다란 미군 부대였다 했다. 우린 지금은 모두 떠나 초라하게 보이는 미군 부대 정문을 한 바퀴 돌아 계족산으로 향했다.

 입구에 도착해 신을 벗어들고, 맨발로 황토를 밟았다. 매끄러운 감촉의 황토가 발가락 사이로 빠져 올라오며 기분을 좋게 만들었다. 남편도 기분이 좋은지 연신 카메라의 셔터를 눌렀고, 다른 사람들에게도 셔터맨을 자처하며 웃음을 주고, 옆을 지나는 아이에게 손녀가 생각났는지 말을 걸며 즐거워한다.
 햇볕은 뜨거웠지만, 산에 오르는 길은 울창한 나무로 우거져 있어 덥다는 생각은 들지 않았다. 우린 손을 잡고 말캉말캉 매끄러운 길을 천천히 걸었다. 초록의 숲은 매미 소리로 가득 찼지만 시끄럽게 들리지 않았다. 여름엔 매미 소리가 당연하지.

 내 맘은 쉬지 않고 정상에 올라갔다 왔으면 했지만, 중간쯤 오르니 피곤이 밀려오는지 자꾸 내 손을 아래로 잡아당기며 천천히 가자 보챈다. 아직 오르려면 한참이 남았는데 발 씻는 곳을 보자 갑자기 발이 뜨겁다며 수돗가에 앉는다. 남편은 발에 물을 적시며 바로 옆 정자에 누워

있는 아주머니들을 부러운 눈으로 바라봤다.

어차피 정상에 오르는 건 물 건너갔고, 남편의 마음을 읽은 난 정자로 가서 한쪽 구석에 자리를 잡고 남편을 불렀다. 못 이기는 척 어색하게 다가와 내 옆에 앉는 남편에게 내 허벅지를 내어줬다.

"여기 누워."

남편은 미소로 답하며 허벅지를 베고 눕자마자 곯아떨어지고, 난 남편의 얼굴로 달려드는 날 파리를 연신 쫓으며 아이같이 구부리고 자는 남편을 바라봤다.

옆에서 자던 아주머니들은 남편이 코 고는 소리가 시끄러운지 모두 나가고, 어느 정도 땀이 마르니 날 파리도 잠잠하고 나도 꾸벅꾸벅 졸음이 밀려왔다. 각이 맞게 잘 지어진 팔각정의 천장이 보이고 끝없이 들리는 매미 소리가 아득해지며 잠이 들었다.

코 고는 소리에 잠이 깨어 옆을 보니 언제 들어왔는지 우리 또래의 부부가 코를 골며 자고 있었다. 편안히 잠이 들었던 남편도 다른 사람의 코 고는 소리에 일어났다. 팔각정을 나오다 옆에서 코 골던 남자의 부인과 눈이 마주쳤다. 우린 서로 말없이 웃었다.

어느 정도 피곤함이 해소된 남편은 술을 마셔 정상에도

못 가고 중턱에서 자다 내려온 것이 미안했는지 황토로 노랗게 물든 내 발을 한참 동안 씻겨 주었다. 발을 씻어주며 다음 달 여행할 때는 술도 마시지 않고 내가 먹으라는 것만 먹겠다고 자청해서 나에게 약속을 한다. 흐뭇했다. 지금, 나는 충분히 괜찮다. 약속을 지키려 노력하는 남편을 보았으니까.

추억의 교환 일기장

 남편이 새벽에 일어나 가장 먼저 하는 일은 하루의 계획을 수첩에 적는 것이다. 핸드폰에도 메모하는 곳이 있다고 말해 줬지만 심드렁하다. 꼭 해야 할 중요한 일과 덜 중요한 일을 나눠 네임펜으로 색칠을 하고, 줄을 그어 체크도 하고, 어제 못한 일은 다시 적으며 별표를 한다. 수첩을 슬쩍 보니 오늘은 앞뒤로 빼곡하다.
 '저 일을 하루에 다 소화할 수 있나?' 의문이 들지만 속으론 웃는다. 왜냐하면 이런 날은 나만의 자유시간이 주어지기 때문이다.
 남편의 바쁜 스케줄로 오랜만에 아침부터 아무것도 하지 않아도 되는 날이다.

누워 빈둥빈둥 핸드폰을 만지작거리다 무언가 잊은 것 같은 느낌에 '뭐지?'하고 이 허전함이 무엇인지 생각을 하고 있는 나를 발견했다.

습관이 무섭다. 몸의 움직임이 없으니 생각이란 놈이 자꾸 일어나서 뭔가를 하라며 몸을 일으켜 세운다. 몸이 생각을 이기지 못하고 일어나 여기저기 기웃기웃. 주방에 갔다가, 남편 서재에 갔다가, 세탁실에 갔다가, 2층으로 올라가 여기저기 기웃거리다 어지럽게 쌓아놓은 책을 발견하고 책을 정리하기로 했다. 무의식중에 그곳이 지저분하다고 계속 되뇌고 있었나 보다. 읽지도 않으면서 왜 넣었다 뺐다 하는지…. 책을 읽어야 한다는 부담감에 그런가?

정리하다 책꽂이 맨 아래 칸에 나란히 꽂혀있는 스프링 노트 다섯 권을 발견했다.

펼쳐보니 가족들과 2007년도에 시작했던 교환 일기장이다.

17년 전 내가 39살, 막내아들이 9살이다.

그때는 남편과 함께 오후에 시작해서 새벽 2시까지 퓨전 선술집을 하고 있었다. 처음 영업을 시작할 땐 그 주변에 술집이 전혀 없었고, 아파트만 덩그렇게 지어진 상태에 상가 형성도 많이 안 되어있었다. 한창 건물이 여기저기 올라가는 중이어서 인부들은 넘치고 저녁 시간을 즐길 곳이 부족했다. 돈이 굴러다니는 길목에 눈치가 빤한 남편은 술집이 필요하단 걸 직감했는지 그 주변에서 처음으로 술집을 오픈했고, 술을 좋아하는 사람들은 마치 기다렸다는 듯 북적였다. 난 음식점이란 것을 난생처음 해보는지라 먹성 좋은 남편이 여기저기서 먹어보고 귀동냥한 것을 밑천 삼아 이렇게 저렇게 해보라 말하면 거기에 맞춰 술안주를 만들었고, 그럼 남편이 가격을 정하고 손님을 받았다. 우린 손발을 그렇게 맞췄다.

그 당시를 생각해 보면 우린 살아도 너무 열심히 살았다. 식당에서 새벽 별을 보며 퇴근을 한 우린 잠을 자는 둥 마는 둥 다시 남편은 출근했다가 오후 되면 식당으로 와서 서빙을 했고, 난 나대로 졸린 눈을 껌뻑이며 세 아들에게 아침을 먹여 학교에 보낸 후, 집 정리를 하고 오후엔 장을 봐서 식당으로 출근을 했다. 부자가 되길 갈망하는 남편의 희망대로 하루도 쉬지 않고, 동분서주 뛰는 바람에 돈은 생각보다 빠르게 통장에 모여졌다. 하지만 모든 것이 완벽할 수 없다는 사실을 망각한 우린 아이들에게 소홀해지기 시작했고, 부부 사이도 소원해지기 시작했다.

쉬지 못한 몸과 맘은 가족들과 보이지 않는 담을 쌓아

그 속에 숨어서라도 외롭고 힘든 삶을 위로받길 원했다. 돈이 그렇게 만드는 것 같았다. 욕심을 내려놓으라고…. 당연한 결과였지만 가족과 돈 사이에서 나와 남편은 갈팡질팡 헤맸다.

그래서 내가 선택한 것이 교환 일기장이었고, 난 예쁜 노트 5권을 샀다. 각자 이름을 써서 한곳에 꽂아둔 다음, 하고 싶은 말이 있는 사람의 일기장에 쓰기로 한 것이다.
처음부터 잘 되지는 않았다.
새벽에 들어와 잠을 잔 건지 만 건지, 어떻게 애들 아침을 해 먹여 보냈는지도 잘 모르겠고, 애들이 집에 올 때쯤엔 난 출근을 해서 애들 얼굴을 보며 살 부빌 기회가 없었다.
한동안 나 혼자 아이들과 남편의 일기장에 메아리 없는 대화를 했다.
그러다 서서히 내가 지르는 소리에 메아리가 들리기 시작했다. 부모 없는 집에 들어와 혼자 밥 먹고, 자기들끼리 싸우고, 공부하고, 잠들며, 보고 싶고 화나는 일들을 일기장에 적어놓기 시작했고, 그럼 나는 애들에게 일일이 답을 하며 내 상처는 잊은 채 아이들의 상처를 보며 가슴 아파했다. 그래도 그것이 효과가 있었는지 뿔뿔이 흩어진 가족들의 마음이 한곳에 모이게 되는 계기가 되었다.

큰 기대 없이 시작한 교환일기는 천천히 서로의 마음을 알아갔다. 사랑한다는 말이 다시 쓰여지고 있는 아이들의 문장을 보며 나와 가족의 상처는 스스로 치유되고 있었고, 마음은 다시 가족이라는 기둥 아래로 모여지고 있었다.

남편은 예나 지금이나 성실함이 2등이라면 서럽다.
그때의 글 속에도 지금처럼 한 집의 가장으로 모든 것으로부터 가족을 지켜야 한다는 사명감이 엄청 강했고, 가족에게 '사랑한다, 멋지다, 힘내자….' 등 맞춤법은 틀리고, 앞뒤 문맥은 잘 안 맞아도 가족을 사랑하는 마음은 그득했다.
큰 놈은 그때가 사춘기였는지 짧고 간결하게 한마디씩 썼다. 화가 난 듯, 생각처럼 안 되는 자신이 답답한 듯.
'지금 내가 왜 이러고 있는지 모르겠다.', '일 년이 지나면 여기서 해방되려나!', '사랑해요….'
지금은 해방이 돼서 혼자 잘살고 있다.
둘째는 그때나 지금이나 이쪽저쪽 감초같이 사랑을 뿌리고 다닌다.
'사랑스런 엄마, 조금만 참고 견디세요. 내가 크면 한 달에 9억 원씩 드리고, 일주일에 한 번씩 집에 오고, 외국에 빌 게이츠보다 더 큰 집을 지어 드릴게요'.

그 말대로 지금 둘째는 일주일에 한 번씩 집에 오고, 집을 짓는 직업을 가졌는데 빌 게이츠보다 더 큰 집을 지어줄지는…….

막내는 그 당시 많이 불안했던 것 같다. 형들과 나이 차도 나고, 아직 어려서 그런지 보고 싶다는 단어가 많다. 많이 외로웠던 모양이다.

'엄마가 없으니 내가 자꾸 나쁜 사람이 되는 것 같아요. 보고 싶은 엄마 빨리 오세요. 엄마가 보고 싶어. 엄마가 옆에 있으면 좋겠어….'

그래서 그런지 외로움에 목말랐던 막내는 일찍 결혼해서 사랑하는 사람을 늘 옆에 끼고 있다.

노트를 닫으며 생각하니 우린 늘 잘 살아가고 있었다. 그 삶 속에 빠져 허우적대고 있을 땐 잘살고 있는 건지 헷갈리고 답답하고 힘들었지만, 이렇게 떨어져 바라보니 우린 늘 괜찮았었다. 늘 그때그때 거기에 맞는 선택을 했었고, 그 당시에는 그것이 가장 옳은 방법이었던 것이었다. 불안해할 필요가 없었다.

언제나 지금 정성 들여 사는 삶이 지금으로선 최선의 선택이고, 그 선택은 헛되지 않다는 걸 깨닫는다.

아홉 남매 중 일곱 번째 금자라고 합니다

초판 1쇄 발행 2024년 12월 5일

지은이 예금자
펴낸이 이조윤

편집책임 이남지
디자인 가장자리

펴낸곳 컨닝페이퍼   **출판등록** 2023년 6월 27일 제2023-000010
주소 충남 계룡시 장안1길 22-1
전화 070-4189-6729
메일 buencamino2020@naver.com

ⓒ 예금자, 2024

ISBN 979-11-985739-1-9

이 책은 저작권법에 따라 보호받는 저작물이므로 무단 전재와 복제를 금합니다.